Eugen Drewermann
Von der Macht des Geldes

Eugen Drewermann

Von der Macht des Geldes
oder Märchen zur Ökonomie

Patmos

Bibliographische Information der Deutschen Nationalbibliothek

Die Deutsche Nationalbibliothek verzeichnet diese Publikation
in der Deutschen Nationalbibliographie;
detaillierte bibliographische Daten sind im Internet
über http://dnb.d-nb.de abrufbar.

2. Auflage 2007
© 2007 Patmos Verlag GmbH & Co. KG, Düsseldorf
Alle Rechte vorbehalten
Printed in Germany
ISBN 978-3-491-21002-8
www.patmos.de

Inhalt

Einleitung oder Von der Macht des Geldes im Märchen 9

I Rumpelstilzchen:
Von der »Wertschöpfung« menschlicher Arbeit 17

II Der gestiefelte Kater:
Wenn Betrug sich auszahlt 73

III Die Bremer Stadtmusikanten:
Die Allianz der »Nutzlosen« 123

Zu den Abbildungen 153

Anmerkungen 154

ANDREAS PAUL WEBER: *Unkenfraß* (siehe S. 43)

Einleitung oder
Von der Macht des Geldes im Märchen

Eigentlich könnte man's wissen: Geschichten, die einmal vom »einfachen« Volke erzählt wurden, schildern nicht nur die großen Wünsche nach Liebe und Glück, sie deuten in symbolischen Szenen zugleich auch die Lage von Menschen, die sich bedroht sehen von der nur allzu berechtigten Angst, an Armut und in Armut zugrunde zu gehen. Was können sie machen, um Geld, Macht und Sicherheit sich zu verschaffen? Und was macht es mit ihnen, wenn sie es endlich geschafft haben?

In unseren Tagen scheint die Allmacht des Geldes allgegenwärtig. Selbst die Nachrichten im deutschen Fernsehen kennen nur zwei Teile: vor und nach den Börsenmitteilungen. Erster Teil: Inland. Was muß man tun, um sie zu verbessern? Zweiter Teil: Ausland. Was sind weltweit die Folgen, wenn sie sich verbessert haben?

Als die BRÜDER GRIMM vor nun fast genau 200 Jahren begannen, ihre Sammlung der *Kinder- und Hausmärchen* zusammenzustellen, waren die sozialen Verwüstungen des heraufziehenden Industriezeitalters nicht entfernt auch nur abzusehen: in Scharen würden mittellose Landarbeiter in die Fabriken der Städte gesaugt werden und fänden in diesen Ballungsräumen der Produktion von Massengütern und Massenelend gerade genug zum Überleben, doch allemal zu wenig zum wirklichen Leben. Von diesen Vorgängen findet sich nichts in den GRIMMschen Märchen. Ihre Welt ist ganz und gar ländlich und fürstlich, eine feudale Umgebung noch, ausgestattet mit schönen, doch armen Müllerstöchtern und hilfreich rettenden Königssöhnen. Um so aktueller für unsere Zeit freilich ist die Frage, die sich in ihnen immer von neuem stellt: Wie bewahrt man die Liebe vor ihrer Veräußerlichung? Und wie fühlen Menschen, denen die Armut ans Herz greift?

Zahlreiche Märchenmotive wirken wie der Dritten Welt entnommen. »Vor einem großen Walde wohnte ein armer Holzhacker mit seiner Frau und seinen zwei Kindern ... Er hatte wenig zu beißen und zu brechen, und einmal, als große Teuerung ins Land kam, konnte er auch das tägliche Brot nicht mehr schaffen.« Mit diesen Worten beginnt das Märchen von *Hänsel und Gretel* (KHM 15). Es schildert eine Armut, die eine Mutter zwingt, ihre Kinder im Wald auszusetzen und sie den wilden Tieren zu überantworten; wie diese Kinder ihrer magersüchtigen Gefangenschaft zwischen dem Bedürfnis, zu essen, und der Furcht, gegessen zu werden, schließlich entrinnen, bildet das eigentliche Thema dieser Erzählung[1]. – »Es hatte ein armer Mann zwölf Kinder und mußte Tag und Nacht arbeiten, damit er ihnen nur Brot geben konnte. Als nun das dreizehnte zur Welt kam, wußte er sich in seiner Not nicht zu helfen, lief hinaus auf die große Landstraße und wollte den ersten, der ihm begegnete, zum Gevatter bitten.« So lautet die Einleitung zu der Geschichte *Der Gevatter Tod* (KHM 44). Eine so große Kinderschar war in den Tagen der GOETHE-Zeit durchaus noch üblich, und auch das Problem, daß ein weiteres Kind erscheinen kann als das reine Unglück, weil es die Erwerbsmöglichkeiten der Familie mit seiner Existenz überfordert, ergab sich in jenen Tagen nur allzu leicht und allzu häufig. Wie fühlt sich ein Kind, das als die verkörperte Unglückszahl auf die Welt kommt? In dem Märchen von *Gevatter Tod* begegnet der arme Mann dem lieben Gott, doch nimmt er dessen Hilfe nicht an, weil er es mit den Reichen hält und die Armen hungern läßt, und auch den Teufel weist er zurück, weil dieser die Menschen betrügt und verführt. Nur den Tod findet er recht, um Gevatter zu stehen, denn der fährt unterschiedslos dahin über Reiche wie Arme. Wie dieses dreizehnte Kind als das Patenkind des Todes zu einem berühmten und tüchtigen Arzt wird, der nur auf die Konstellationen des Todes am Krankenbett achthaben muß, erzählt im weiteren diese Geschichte[2]. – Die Aussichtslosigkeit der wirtschaftlichen Lage kann einen Menschen aber auch dahin treiben, ein Bündnis mit dem Teufel einzugehen, wie es die Geschichte *Das Mädchen ohne Hände* (KHM 31) erzählt: »Ein Müller war nach und nach in Armut geraten und hatte nichts mehr als seine Mühle und einen großen Apfelbaum im Garten«, – so beginnt diese Erzählung, die im folgenden schildert, wie der Müller unwissentlich seine eigene Tochter dem Bösen verspricht; um sie schließlich aus seinen Klauen zu retten, muß er ihr die Hände abschlagen. Wie überwindet ein Mädchen die Widersprüchlichkeit im Wesen seines Vaters, den ein unglückseliges Schicksal zu ungewollter Grausamkeit nötigt? Nichts Geringeres als ein solches Problem stellt sich diese erstaunliche Geschichte um das Rätsel physischer wie psychischer Gewalt und um das Geheimnis heilender Gnade zur Aufgabe[3]. – Aber auch die umgekehrte Entwicklung ist möglich: »Vor einem großen Walde lebte ein Holzhacker mit seiner Frau, der hatte nur ein einziges Kind, das war ein Mädchen von drei Jahren. Sie waren aber so arm, daß sie nicht mehr das tägliche Brot hatten und nicht wußten, was sie ihm sollten zu essen geben«, so lautet die Einleitung zu dem Märchen vom *Marienkind* (KHM 3). Dem armen Holzhacker begegnet im Walde nicht der Teufel, sondern die Jungfrau Maria, die das Mädchen zu sich in den Himmel nimmt und bei den Englein aufzieht; nur die dreizehnte Tür des Himmels darf das Mädchen nicht öffnen; als es dann doch dieses Gebot übertritt und *die Dreieinigkeit im Feuer und Glanz sitzen* sieht, wird es auf die Erde verstoßen. Wie kann eine Frau, die mit madonnengleichen Idealen aufwachsen muß, jemals Kinder zur Welt bringen, die ihr nicht von der Muttergottes fortgenommen werden[4]? So die Frage dieser Erzählung.

Menschlich wie therapeutisch ist es sehr wichtig, in all diesen Märchen (und in vielen anderen, wie sich leicht aufführen ließe) den Verformungen nachzugehen, die sich unter dem Druck äußerer Not in der Seele von Menschen abzeichnen. Denn alles kehrt wieder. Die Ähnlichkeit so mancher Szene der GRIMMschen Märchen mit gewissen gesellschaftlichen Verhältnissen in Afrika oder in Übersee verweist eindringlich auf die Tatsache, daß Armut, Hunger und Elend mitten in unserer Wohlstandsgesellschaft in breiter Front auf dem Vormarsch sind. Keineswegs trägt die »Globalisierung« zu einer gleichmäßigen Hebung des Lebensstandards aller bei; im Gegenteil, im Zuge einer weltweiten Jagd nach den billigsten Arbeitssklaven hält mehr und mehr die Dritte Welt Einzug in die Erste Welt. »Tag für Tag«, schreibt JEAN ZIEGLER, »sterben auf unserem Planeten ungefähr 100 000 Menschen an Hunger oder an den unmittelbaren Folgen des Hungers. 826 Millionen Menschen sind gegenwärtig chronisch und schwer unterernährt. 34 Millionen von ihnen leben in den wirtschaftlich entwickelten Ländern des Nordens; der weit größere Teil, 515 Millionen, lebt in Asien, wo er 24 Prozent der Gesamtbevölkerung ausmacht. Betrachtet man jedoch den prozentualen Anteil der Opfer, so ist es das Afrika südlich der Sahara, das den größten Tribut zu leisten hat: Hier sind 186 Millionen Menschen dauernd schwer unterernährt, das heißt 34 Prozent der Gesamtbevölkerung.«[5] Doch was besagen solche Zahlen? »Eine ... Dimension menschlichen Leidens fehlt noch in diesem Bild«, fügt ZIEGLER hinzu: »die erstickende, unerträgliche Angst, die jeden Hungernden peinigt, sobald er erwacht. Wie wird er an diesem neuen Tag den Lebensunterhalt für die Seinen sichern und sich selbst ernähren können?«[6] *Das* sind Fragen von der Art, wie sie das Eingangsgespräch des Märchens von *Hänsel und Gretel* stellt und wie sie in ihrer Dringlichkeit von einer beklemmenden Aktualität sind: »Die Zerstörung von Millionen Menschen durch Hunger vollzieht sich täglich in einer Art von eisiger Normalität – und auf einem Planeten, der von Reichtümern überquillt. – In dem Stadium, das die Erde durch ihre landwirtschaftlichen Produktionsmittel erreicht hat, könnte sie 12 Milliarden Menschen normal ernähren, anders gesagt, sie könnte für jeden einzelnen eine Ration von 2700 Kalorien pro Tag bereitstellen. Doch wir sind heute nur etwas über 6 Milliarden Menschen auf der Erde, und trotzdem leiden Jahr für Jahr 826 Millionen von ihnen an chronischer, krankmachender Unterernährung. – Die Gleichung ist einfach: Wer Geld hat, ißt und lebt. Wer keines hat, leidet und wird invalide oder stirbt. – Ständiger Hunger und chronische Unterernährung sind von Menschen gemacht. Verantwortlich für sie ist die mörderische Ordnung der Welt. Wer auch immer an Hunger stirbt – er ist Opfer eines Mordes. – Über zwei Milliarden Menschen leben in ›absoluter Armut‹ ...: ohne feste Einkünfte, ohne regelmäßige Arbeit, ohne angemessene Behausung, ohne medizinische Versorgung, ohne ausreichende Ernährung, ohne Zugang zu sauberem Wasser, ohne Schule. – Das Recht über Leben und Tod einer Milliarde von Menschen üben die Herren des globalisierten Kapitals aus. Durch ihre Investitionsstrategien, ihre Währungsspekulationen, die politischen Bündnisse, die sie eingehen, entscheiden sie Tag für Tag darüber, wer das Recht hat, auf diesem Planeten zu leben, und wer dazu verurteilt ist, zu sterben. – Der von den Oligarchien seit Beginn der Neunzigerjahre errichtete Apparat der weltweiten Herrschaft und Ausbeutung ist von äußerstem Pragmatismus geprägt... – Ihre Waffen sind Zwangsfusionen, feindliche Übernahmeangebote, die Errichtung von Oligopolen, die Vernichtung des Gegners durch Dumpingpreise oder Kampagnen zur persönlichen Verunglimpfung... – Zu den Zerstörungen und Leiden, die den Völkern durch die Oligarchien des globalisierten Kapitals, sein militärisches Imperium und dessen Söldlinge, die Handels- und Finanzorganisationen, zugefügt werden, kommen noch jene, die durch Korruption und Untreue im Amt hervorgerufen werden.«[7]

In der Tat: Anfang März 2007, während ich diese Zeilen schreibe, wird bekannt, daß die Dax-Konzerne im Vorjahre bei einer Gewinnsteigerung um ⅔ rund 55 000 Stellen abgebaut haben, davon allein Daimler-Chrysler 15 000; soeben droht Airbus mit dem Abbau von rund 10 000 Arbeitsplätzen vor allem in Frankreich (4 300 Stellen) und Deutschland (3 600 Stellen), stellt die Telecom die Ausgliederung von 50 000 Mitarbeitern in die Service-Gesellschaft T-Service (Kundendienst, Technische Infrastruktur, Call-Center) in Aussicht oder denkt auch schon an die Zerschlagung von T-Com mit 85 000 Mitarbeitern, plant Bayer Schering die Streichung jedes zehnten Arbeitsplatzes – 6 100 von rund 60 000 Stellen weltweit, davon 1 500 in Deutschland... So geht das Woche um Woche, Monat um Monat, während die regierungsfreundlichen Medien sich im Jubel über den vermeintlichen Abbau der Arbeitslosenzahlen nicht genug tun können; sie verschweigen ganz einfach, daß die Statistiken nur deshalb sich so schön frisieren lassen, weil immer mehr Billiglohnjobs und Kurzarbeitsverhältnisse als reguläre Beschäftigungen geführt werden. Nicht bei den Arbeitern liegt der Grund für diese Entwicklung; er liegt bei einem System, das auf nichts anderes ausgerichtet ist als auf bedingungslose Gewinnmaximierung; die bloße Ankündigung von weiteren Stellenstreichungen genügt inzwischen, die Aktienkurse der entsprechenden Firmen in exorbitante Höhen zu katapultieren. Doch die Frage lautet, wie sich auf eine derart unmenschliche Form des »Wirtschaftens« antworten läßt.

Unter allen denkbaren Reaktionsweisen, die zum Teil auch in den Märchen beschrieben werden, legen sich exemplarisch drei Wege nahe, die von den BRÜDERN GRIMM dargestellt werden in der Geschichte vom *Rumpelstilzchen*[8], vom *Gestiefelten Kater*[9] und von den *Bremer Stadtmusikanten*[10].

Wir kennen die Standardregeln inzwischen in- und auswendig, mit denen unsere »Bildungs«politiker die Forderungen des Neoliberalismus zu seinem Selbsterhalt in angewandte »Pädagogik«, in »Ausbildungsrichtlinien«, übersetzen: Sie bestehen wie im Märchen vom *Rumpelstilzchen* darin, »Goldkinder« hervorzubringen. Alles, was sie von Natur aus sind und besitzen, hat da zu gelten als »Stroh«; – es ist solange wertlos, als es sich nicht durch die »Wertschöpfung« menschlicher Arbeit und Leistung in seiner »Geldform« »realisieren« läßt. »Wenn du dich nur anstrengst, wenn du das schier Unmögliche schaffst, dann kannst du aufsteigen zu Anerkennung und Macht, dann machst du deinen Weg in den Club der Reichen und Schönen, dann wirst du von einer armen ›Müllerstochter‹ zu einer ›Königin‹.« Ein (hoffentlich) heilsamer Schrecken geht von dieser 200 Jahre alten Geschichte aus, wenn wir im Märchen vom *Rumpelstilzchen* erfahren, wie eine Frau, die auf solch verlogene Weise ins Leben gelockt wird, unter dem Zwangssystem ständiger Ängste und Überforderungen am Ende unfähig wird, ein Kind großzuziehen. Vollkommen entfremdet, wie sie sich selbst und ihrer verlorenen Kindheit gegenübersteht, beraubt aller Anmut und Schönheit, bleibt ihr genauso auch fremd, was sie an Leben zur Welt bringt. Die abgespaltenen Teile ihrer eigenen Seele hüpfen als Gnom, als Zwergenausgabe des Menschlichen, hinten im »Wald« auf dem Tanzplatz des Unbewußten ihrer Psyche, solange herum, bis der Spuk sich durch die Auffindung des rechten »Namens«, durch Bewußtwerdung und Verhaltensänderung, legt. Das Leid, das einen derartigen Lebensweg Stufe um Stufe begleitet, ist ganz offensichtlich ein zu hoher Preis für den »Lohn«, der als späte Prämie des Erfolges in Aussicht gestellt wird – eine Fata Morgana für die Bewohner einer menschlichen Wüstenei dicht am Rand des Verdurstens.

Aber natürlich gibt es auch Charaktere, die wie geschaffen scheinen, die Klaviatur der Unmenschlichkeit im kapitalistischen Wirtschaftssystem virtuos zu bespielen. Eine geradewegs »katzenartige« Verschlagenheit gewinnt Gestalt im Gestiefelten Kater. In den Ausgaben, die auf die zweite vermehrte und verbesserte Auflage der Kinder- und Hausmärchen der BRÜDER GRIMM von 1819 zurückgehen, findet sich diese Geschichte nicht; sie bildete einmal die Nr. 33 des ersten Bandes der Urfassung von 1812[11] und stellt erkennbar eine Bearbeitung der rund 100 Jahre älteren gleichnamigen Erzählung von CHARLES PERRAULT dar, dem daran lag, die »Philosophie« des Merkantilismus in der Zeit Ludwigs XIV. zu karikieren. Gelungen ist ihm dabei das unvergeßliche Bild einer Persönlichkeit, die in einer sonderbaren Mischung aus schizoiden Ängsten und kalt kalkulierten Betrugsstrategien seinen »Herrn« von einem armen Müllerssohn zur Position eines Königs aufsteigen läßt, als dessen »Minister« er schließlich selbst eingesetzt wird. »Wie gelingt es den neuen Herrschern der Welt«, fragt JEAN ZIEGLER an genannter Stelle, »sich an der Macht zu halten, wo doch die Unmoral, die sie leitet, und der Zynismus, der sie erfüllt, für niemanden zweifelhaft sind? Worauf beruht das Geheimnis ihrer Verführungskraft und ihrer Macht? – Wie kann es sein, daß auf einem mit Reichtümern gesegneten Planeten Jahr für Jahr Hunderte Millionen von Menschen Opfer von äußerster Armut, gewaltsamem Tod und Verzweiflung werden?«[12] Wer die Geschichte vom Gestiefelten Kater sorgfältig liest, kann sich am Ende nur kopfschüttelnd fragen, was das eigentlich für Leute sind, von denen wir uns regieren, dirigieren und regulieren lassen.

Spätestens wenn es gar nicht anders mehr geht, in Alter und Krankheit, wenn das System der Geldverwertung zur Kapitalvermehrung die »Unproduktiven«, die »Nutzlosen« mitleidlos ausspeit, wenn Menschen sich inmitten der Unmenschlichkeit, mit der man sie mißhandelt, vorkommen müssen wie arme Tiere, setzt sich der Marsch der Bremer Stadtmusikanten in Bewegung. Diese Geschichte verdichtet die dritte Möglichkeit, auf die Welt einer gnadenlosen Leistungsforderung zugunsten der Besitzenden zu reagieren: Man stellt sie radikal in Frage, man erklärt die Hauseigentümer für Räuber und Diebe, man schließt sich zusammen mit einer Solidarität, die keinen der Hilflosen und Bedürftigen aus der Gesellschaft der »armen Tiere« mehr ausschließt. Es ist der Anfang einer neuen Welt, betrachtet aus der Perspektive von

15

unten, aus der Sicht der Mittellosen, der Ausgebeuteten, der Entrechteten, und je weiter wir die »Tiere« in Richtung »Bremen« begleiten, desto dringlicher stellt sich die Frage, warum wir so spät erst ihrem Zuge uns anzuschließen gesonnen waren: Soll Weisheit wirklich stets nur geboren werden aus dem Zwang des Unvermeidbaren an den äußersten Rändern des Daseins, statt aus einer Einsicht, die erwächst aus der Mitte des Lebens?

Eins haben alle drei Märchen gemeinsam: vom Ende des *Rumpelstilzchen* an geben sie sich als heitere Geschichten. Doch haben wir es nicht zu tun mit dem feuilletonistischen Teil einer bürgerlichen »Zeitung«, der den oberen Zehntausend eine gewisse Entspannung von den so strapaziösen Informationen des Nachrichtenteils zu bieten versucht. Wohl pflegt man zu sagen, ernst sei das Leben, doch heiter die Kunst; hier aber lernt man zu lachen nach Art der Satire; hier wird der Humor zur Waffe der Wehrlosen; und wenn schon die Bibel erzählt, die Mauern Jerichos seien eingestürzt beim Hall der Posaunen, die Josua blasen ließ (Jos 6,20), so bleibt bei dem Gelächter, das, kabarettreif, diese drei Märchen auslösen, im System des herrschenden Kapitalismus kein Stein mehr auf dem anderen. Einen Beitrag dazu leisten möchte denn auch die Deutung dieser drei Meistererzählungen, die allesamt spielerisch spaßig sprechen *von der Macht des Geldes im Märchen*.

Rumpelstilzchen:
Von der »Wertschöpfung«
menschlicher Arbeit

Von Märchen ist man gewohnt, daß sie uns bei der Hand nehmen und uns auf mondbeschienenen Pfaden zu den nicht selten verwunschenen, doch meist höchst erwünschten Tanzplätzen der Liebe geleiten. Immer schon, spüren wir dort, trugen wir in uns das Bild jenes Menschen, der eines Tages in unser Leben treten würde, verführerisch, weil wie vom Schicksal geführt, überwältigend, da gänzlich gewaltlos, machtvoll, weil ungemacht von jeglichem planenden Vorsatz. Die Botschaft derartiger Märchen ist zeitlos; sie lautet: Wage die Liebe mitsamt der Magie, die auf fast unheimliche Weise in ihr zu wohnen vermag; vertrau dich ihr an, da nur sie unmittelbar zu deinem Herzen und aus deinem Herzen spricht; folge ihr, damit sie nicht dich verfolgt in Gestalt von Gefühlen der Eifersucht und der Verbitterung.

Auch das Märchen vom Rumpelstilzchen ist zeitlos; doch erscheint seine Botschaft in unseren Tagen auf provozierende Weise unzeitgemäß. Das heißt: sie erzeigt sich im Abstand von nun fast 200 Jahren von überraschender Aktualität; schildert das Märchen doch nach Art einer parabelähnlichen Parodie auf unsere für ganz »normal« gehaltene »Wirklichkeit«, wie man die Liebe vertun kann, indem man sie zu betreiben vermeint, wie man sie veräußert im Wahn, »erfolgreich« zu sein, und wie man mit ihr Erwartungen weckt, die auf sie wesenswidrig und fremd, ja, zerstörerisch zurückwirken müssen. Wenn es warnend im Neuen Testament einmal heißt, man solle nicht versuchen, die ganze Welt zu gewinnen, da dies bedeute, sich selbst zu verlieren (Mt 16,26), so malt das Märchen vom Rumpelstilzchen einleitend geradewegs das Gegenteil dieser menschlich weisen Ermahnung: Alles dort hebt damit an, daß ein Mädchen gezwungen wird, sich auf phantastische Weise »nützlich« zu machen; gelingt ihm der geforderte Beitrag zum »Goldspinnen« nicht, so droht seine augenblickliche Beseitigung, so wartet seiner die Hinrichtung. Gold oder Tod – damit beginnt es.

Manche Märchen erzählen, wie man es lernen muß, auf Gold zu treten, um die Geliebte zu finden, beziehungsweise wie ein wahrhaft Liebender, gleich dem dritten Sohn in der Erzählung *Das Wasser des Lebens* (KHM 97), gar nicht erst bemerkt, daß die Straße, darauf er reitet, von Gold ist. Andere Märchen berichten, wie Menschen, die dahin finden, gut zu sein jenseits aller Spekulationen auf Wertschätzung und Belohnung, gleich der »Goldmarie« in der Geschichte von der Frau Holle (KHM 24)1), buchstäblich »goldwert« werden; die Erzählung vom Rumpelstilzchen aber redet von »Gold« durchaus unsymbolisch: – ihr geht es eingangs durchaus um zählbaren Reichtum, um den Zwang zu unerschöpflichem Geldgewinn, ja, um die gänzliche Festlegung eines Menschen auf seinen Nutzen für die Vermehrung von Hab und Gut. Dann aber zeigt es, wie ein Mensch, der solchen Vorstellungen zu folgen sich gezwungen sieht, es am Ende tatsächlich dahin bringen mag, daß ihm alles gehört – er wird, ganz entsprechend der biblischen Warnung, gewiß sich selbst nicht gehören. Was eigentlich findet da statt? Wie wird eine solche Entfremdung erlebt? Und wie findet ein Mensch, der sich derart verloren hat, je noch zurück zu sich selbst?

Davon möchte dieses mit solchen Fragen so modern sich zu Wort meldende Märchen vom Rumpelstilzchen erzählen.

Es war einmal ein Müller, der war arm, aber er hatte eine schöne Tochter. Nun traf es sich, daß er mit dem König zu sprechen kam, und um sich ein Ansehen zu geben, sagte er zu ihm: »Ich habe eine Tochter, die kann Stroh zu Gold spinnen.« Der König sprach zum Müller: »Das ist eine Kunst, die mir wohl gefällt, wenn deine Tochter so geschickt ist, wie du sagst, so bring sie morgen in mein Schloß, da will ich sie auf die Probe stellen.« Als nun das Mädchen zu ihm gebracht ward, führte er es in eine Kammer, die ganz voll Stroh lag, gab ihr Rad und Haspel und sprach: »Jetzt mache dich an die Arbeit, und wenn du diese Nacht durch bis morgen früh dieses Stroh nicht zu Gold versponnen hast, so mußt du sterben.« Darauf schloß er die Kammer selbst zu, und sie blieb allein darin.

Da saß nun die arme Müllerstochter und wußte um ihr Leben keinen Rat: sie verstand gar nichts davon, wie man Stroh zu Gold spinnen konnte, und ihre Angst ward immer größer, daß sie endlich zu weinen anfing. Da ging auf einmal die Türe auf und trat ein kleines Männchen herein und sprach: »Guten Abend, Jungfer Müllerin, warum weint Sie so sehr?« »Ach«, antwortete das Mädchen, »ich soll Stroh zu Gold spinnen, und verstehe das nicht.« Sprach das Männchen: »Was gibst du mir, wenn ich dir's spinne?« »Mein Halsband«, sagte das Mädchen.

Das Männchen nahm das Halsband, setzte sich vor das Rädchen, und schnurr, schnurr, schnurr, dreimal gezogen, war die Spule voll. Dann steckte es eine andere auf, und schnurr, schnurr, schnurr, dreimal gezogen, war auch die zweite voll; und so ging's fort bis zum Morgen, da war alles Stroh versponnen, und alle Spulen waren voll Gold. Bei Sonnenaufgang kam schon der König, und als er das Gold erblickte, erstaunte er und freute sich, aber sein Herz ward nur noch goldgieriger. Er ließ die Müllerstochter in eine andere Kammer voll Stroh bringen, die noch viel größer war, und befahl ihr, das auch in einer Nacht zu spinnen, wenn ihr das Leben lieb wäre. Das Mädchen wußte sich nicht zu helfen und weinte, da ging abermals die Türe auf, und das kleine Männchen erschien und sprach: »Was gibst du mir, wenn ich dir das Stroh zu Gold spinne?« »Meinen Ring von dem Finger«, antwortete das Mädchen. Das Männchen nahm den Ring, fing wieder an zu schnurren mit dem Rade und hatte bis zum Morgen alles Stroh zu glänzendem Gold gesponnen. Der König freute sich über die Maßen bei dem Anblick, war aber noch immer nicht Goldes satt, sondern ließ die Müllerstochter in eine noch größere Kammer voll Stroh bringen und sprach: »Die mußt du noch in dieser Nacht verspinnen: gelingt dir's aber, so sollst du meine Gemahlin werden.«

»Wenn's auch eine Müllerstochter ist«, dachte er, »eine reichere Frau finde ich in der ganzen Welt nicht.« Als das Mädchen allein war, kam das Männlein zum drittenmal und sprach: »Was gibst du mir, wenn ich dir noch diesmal das Stroh spinne?« »Ich habe nichts mehr, das ich geben könnte«, antwortete das Mädchen. »So versprich mir, wenn du Königin wirst, dein erstes Kind.« »Wer weiß, wie das noch geht«, dachte die Müllerstochter und wußte sich auch in der Not nicht anders zu helfen, sie versprach also dem Männchen, was es verlangte, und das Männchen spann dafür noch einmal das Stroh zu Gold. Und als am Morgen der König kam und alles fand, wie er gewünscht hatte, so hielt er Hochzeit mit ihr, und die schöne Müllerstochter ward eine Königin.

21

Über ein Jahr brachte sie ein schönes Kind zur Welt und dachte gar nicht mehr an das Männchen: da trat es plötzlich in ihre Kammer und sprach: »Nun gib mir, was du versprochen hast.« Die Königin erschrak und bot dem Männchen alle Reichtümer des Königreichs an, wenn es ihr das Kind lassen wollte: aber das Männchen sprach: »Nein, etwas Lebendes ist mir lieber als alle Schätze der Welt.« Da fing die Königin so an zu jammern und zu weinen, daß das Männchen Mitleiden mit ihr hatte. »Drei Tage will ich dir Zeit lassen«, sprach er, »wenn du bis dahin meinen Namen weißt, so sollst du dein Kind behalten.«

Nun besann sich die Königin die ganze Nacht über auf alle Namen, die sie jemals gehört hatte, und schickte einen Boten über Land, der sollte sich erkundigen weit und breit, was es sonst noch für Namen gäbe. Als am andern Tag das Männchen kam, fing sie an mit Kaspar, Melchior, Balzer, und sagte alle Namen, die sie wußte, nach der Reihe her, aber bei jedem sprach das Männlein: »So heiß ich nicht.« Den zweiten Tag ließ sie in der Nachbarschaft herumfragen, wie die Leute da genannt würden, und sagte dem Männlein die ungewöhnlichsten und seltsamsten Namen vor: »Heißt du vielleicht Rippenbiest oder Hammelswade oder Schnürbein?« Aber es antwortete immer: »So heiß ich nicht.« Den dritten Tag kam der Bote zurück und erzählte: »Neue Namen habe ich keinen einzigen finden können, aber wie ich an einen hohen Berg um die Waldecke kam, wo Fuchs und Has sich gute Nacht sagen, so sah ich ein kleines Haus, und vor dem Haus brannte ein Feuer, und um das Feuer sprang ein gar zu lächerliches Männchen, hüpfte auf einem Bein und schrie:

> »Heute back ich, morgen brau ich,
> übermorgen hol ich der Königin ihr Kind;
> ach, wie gut ist, daß niemand weiß,
> daß ich Rumpelstilzchen heiß!«

Da könnt ihr denken, wie die Königin froh war, als sie den Namen hörte, und als bald hernach das Männlein hereintrat und fragte: »Nun, Frau Königin, wie heiß ich?«, fragte sie erst: »Heißest du Kunz?« »Nein.« »Heißest du Heinz?« »Nein.«

»Heißt du etwa Rumpelstilzchen?«

»Das hat dir der Teufel gesagt, das hat dir der Teufel gesagt«, schrie das Männlein und stieß mit dem rechten Fuß vor Zorn so tief in die Erde, daß es bis an den Leib hineinfuhr, dann packte es in seiner Wut den linken Fuß mit beiden Händen und riß sich selbst mitten entzwei.

ein Müller, der war arm, aber er hatte eine schöne Tochter

Wie kommt ein Vater dazu, seine Tochter einem »König« zu vermachen, außer er selber wäre ein »König« in ihrem Leben oder, genauso richtig, sie wäre in seinem Leben von jeher schon die »Königin«? Offensichtlich verhält es sich so. Diese Tochter ist das ein und alles, die »Prinzessin« ihres Vaters. Er *war arm, aber* – seine Tochter ist schön! Alle Hoffnung dieses Mannes ruht auf ihr. Der Kontrast – das *aber* zu seiner Armseligkeit – kann gar nicht intensiv genug verstanden werden. So gedemütigt sich der Müller in seiner sozialen Lage auch fühlen mag, – sein Stolz, seine Selbstachtung, seine Zuversicht verknüpft sich ganz und gar mit seiner Tochter. Sie ist sein Vorzeigestück, sein Prestigeobjekt, seine Zukunftssicherung gegen drohende Mißachtung.

Eine seltsame Beziehung ist das, in der des Müllers Mangel sich widerlegt findet durch seiner Tochter überreich blühende Schönheit, so als ließe diese sich geradewegs in blühenden Reichtum verwandeln.

Eine solche Spekulation, wohlgemerkt, möchte in unserer »normalen« Welt als so uneben durchaus nicht gelten. Wie oft schon wurde wohl ein »schön junges Ding« von seiner Mutter, seinem Vater auf dem Heiratsmarkt mit Vorbedacht »kapitalisiert«? Die knospende Zartheit eines heranwachsenden Mädchens als ein merkantiler Tauschartikel – warum nicht? Wo denn nicht, wenn wir ehrlich sind? Soll man nach einem anderen Bibelwort nicht klug sein wie die Schlangen und arglos (tun) wie die Tauben (Mt 10,16)? Wieso also die goldige Gabe der Schönheit eines Kindes nicht möglichst günstig vergolden, indem man für das Außergewöhnliche einen ungewöhnlichen Preis verlangt?

Man muß nicht in einem Land der Dritten Welt zu Hause sein, um nachempfinden zu können, wie Armut Menschen dahin treiben kann, sich mit ihrer natürlichen Schönheit wie auf dem Sklavenmarkt zur Schau zu stellen und sich dem Meistbietenden zu verkaufen. Ist ein schön gewachsenes Mädchen es der Armut seiner Eltern nicht geradewegs schuldig, sich zu deren Lebensunterhalt zu prostituieren? Man lese nur in FJODOR MICHAILOWITSCH DOSTOJEWSKIS Roman *Schuld und Sühne*, mit was für Worten die verzweifelte, lungenkranke Katharina Marmeladowa ihre Stieftochter Sonja auf die Straße treibt, damit sie mit ihrer Schande die Alkoholsucht ihres Vaters wirtschaftlich kompensiert: »Warum denn nicht«, fragt sie spöttisch ihren Mann, »wozu willst du dein kostbares Kleinod noch länger aufheben?« Und dem Mädchen hält sie vor: »Du lebst bei uns..., du Schmarotzerin, du ißt und trinkst und wärmst dich hier...« – Die entscheidende Frage nämlich stellt Marmeladow selbst: »Kann Ihrer Meinung nach ein armes, aber ehrenhaftes Mädchen mit ehrlicher Arbeit viel verdienen...? Fünfzehn Kopeken am Tag..., die verdient sie nicht einmal, wenn sie anständig ist und keine besonderen Talente hat, und auch das nur, wenn sie arbeitet, ohne die Hände einen Augenblick in den Schoß zu legen.«[2] Von einem bestimmten Punkt der Armut an gibt es keine Würde mehr, die man bewahren könnte; von da an entwürdigt die Armut selbst die gesamte Existenz.

Ganz ähnlich könnte man sich vorstellen, daß der arme Müller in unserem Märchen die Misere seines Lebens durch eine vorteilhafte Partie seiner Tochter wettzumachen versucht; honny soit qui mal y pense: – unter Ehrenmännern spricht man von Geldangelegenheiten gar nicht, es wäre degoutant. Man macht Geschäfte auf stumme Weise, und wenn sie gelingen, steht man in Ehren. Wie sie zustande kamen, mit welchen Methoden sie erfolgreich abgeschlossen wurden, – wer fragt schon danach?

Unsere ganz normale bürgerliche Welt glaubt an diese Gleichung von Geldbesitz und Wohlanständigkeit wie an ein ungeschriebenes Gesetz. Für ehrlos gilt da nicht die Unehrlichkeit, nicht das ewige Spiel aus Lust und List, aus Verlockung und Verschlagenheit; ehrenrührig ist der Verlust von Vermögen, die »Unbetuchtheit« stellt bloß; schämen muß man sich nicht, moralisch schuldig zu werden, beschämend ist es, ein Schuldner zu sein. So denken und handeln sie alle, die Erfolgreichen, die Angesehenen, die Säulen der Gesellschaft; und so könnte auch denken der arme Müller unseres Märchens. Es genügte, sein eigen »Fleisch und Blut« möglichst lukrativ einem potenten, liquiden Brautwerber anzudienen; dabei vermöchte er, anders wohl als weniger vom Schicksal Bevorzugte, das einfachste und für Männer mächtigste aller Argumente ins Treffen zu führen: die sinnenfällige, sinnliche Schönheit seiner Tochter. Schon für ein Grundstück mit Blick auf das Meer, schon für eine Immobilie vor dem Panorama der schneebedeckten Alpenberge darf man einen angemessenen Preis erwarten; wie da erst, wenn die Schönheit der Natur in der natürlichen Anmut der eigenen Tochter Triumphe feiert? Wer wollte es einem armen Müller verargen, wenn er so dächte wie all die Mitgiftjäger, die Kuppler, die Reichtum und Frieden stiftenden Ehearchitekten der menschlichen Geschichte auch sonst?

Die entscheidende Besonderheit des Märchens vom *Rumpelstilzchen* besteht darin, daß der Müller überraschenderweise so nicht denkt. Gewiß, er legt es umweglos darauf an, seine Tochter zur »Königin« zu machen, – unterhalb dieses Anspruchs tut er es nicht; doch ihm genügt es nicht, die offensichtlichen Vorzüge seiner Tochter gebührend anzupreisen; vielmehr, *um sich ein Ansehen zu geben*, offenbart er dem König, er *habe eine Tochter, die ... Stroh zu Gold spinnen* könne. Was, muß man sich fragen, ficht diesen Mann an, daß er die natürliche Ausstrahlung seiner Tochter zurückstellt zugunsten einer ganz und gar künstlichen, phantastisch eingebildeten Auszeichnung? Was bewegt ihn zu einer derart unmöglich scheinenden Behauptung, mit der er im Handumdrehen sogar das Leben seiner Tochter aufs Spiel setzt?

Einem solchen »Angeber« von Vater kann man gewiß vorwerfen, er handle ganz und gar verantwortungslos, ja, völlig narzißtisch: anscheinend gehe es ihm einzig und allein um seine Geltung. Ein solcher Vorwurf träfe vollkommen zu; nur: was wäre damit gewonnen? Nie sollte man die Kenntnis der Seele eines Menschen in eine Waffe zum Wehtun verwandeln, allenfalls in ein Mittel zu Milde und Mitgefühl. Dann aber wird man bei diesem Müller in all seiner Selbstbezogenheit ein nicht unedles Motiv für sein paradox anmutendes Verhalten entdecken: Ganz offensichtlich schämt er sich für das, was er tut. Er will und kann nicht offen heraus sagen: »Halten zu Gnaden, Euer Ehren, mein leerer Geldbeutel ist wie das Maul eines Raubtiers, das mich jeden Tag verschlingt. Ich arbeite und arbeite, ich verrichte von früh bis spät ein rechtschaffenes Handwerk, aber es dreht sich und dreht sich im Kreis wie das Rad meiner Mühle, ich komme aus meinem Elend nicht mehr heraus. Ihr müßt mir helfen. Ihr müßt mir unter die Arme greifen. Dafür auch dürft Ihr meine Tochter in Eure Arme schließen. Dieses Kind ist so schön wie die athenische Phryne, die der Bildhauer Praxiteles in Marmor meißelte, auf daß ihr schöner Körper Aphrodite selber Gestalt verleihe. Die Göttin sogar, erzählen die Griechen, habe sich geschmeichelt gefühlt, als sie dieses Bildnis erschaute[3]. So auch wird es Euch ergehn! Ihro Majestät werden entzückt sein ...!«

Würde das Märchen vom *Rumpelstilzchen* sich auf diese Weise darstellen, so würde es erneut nur berichten, wovon die Anekdoten in barocken Zeiten die Menge erzählten. Allerdings waren es dort die durchlauchtigsten Herrschaften selbst, die ein Auge auf ihre schönen Landeskinder warfen und deren Väter fürstlich entlohnten. Das so ganz andere unserer Erzählung liegt in der offenbar drängenden Armut, liegt in der Beschämung dieses Vaters, ein Habenichts und ein Bettler, ja, schlimmer: der kalkulierende Zuhälter der eigenen Tochter zu sein. Wie tief muß dieser Müller den Wertmaßstab unserer ganz normalen Welt in sich aufgenommen haben, daß er sich derart entwertet vorkommt: armselig auf Grund seiner Armut, ohne Geltung durch seinen Geldmangel, überzählig durch seine Zahlungsunfähigkeit? Und wie verzweifelt muß er sein in dem Gefühl seiner Schande, wenn er so schändlich an seiner Tochter zu handeln gedenkt?

Erst wenn man diesen Kontrast zwischen Schande und Scham, zwischen Selbstentwertung und Selbstwertgefühl, zwischen tragischer Ehrlosigkeit und tiefem Ehrgefühl vor sich sieht, versteht man das kleine Wort *aber* in der Einleitung unseres Märchens vollständig. Denn man begreift, wie in der offenbaren »Angeberei« dieses Müllers Wunsch und Wirklichkeit bis zum Fabelhaften einander bedingen und sich wechselseitig durchdringen: Aufrichtig gesprochen wäre es, würde der Müller erklären, was er sich von seiner Tochter in Wahrheit erhofft: – sie möchte all die Strohabfälle beim Kornmahlen durch ihre Schönheit vergolden und all die unansehnliche Uneinträglichkeit seines Tuns in ansehnlichen, anständigen Wohlstand verwandeln. Doch dieser sein Wunsch wirkt so stark, daß er die Wände der Wahrheit ins Wahnhafte aufwirft: Das Gespinst seiner Sehnsucht wird zur Kunstspinnerei seiner Tochter; das Symbol seiner Hoffnung behauptet sich als reale Erfahrung; das bildhaft Gemeinte setzt sich als vermeintliche Wirklichkeit.

Die Psychologie einer Psychose kann man unter anderem damit erklären, daß in ihr zwischen Bild und Begriff, zwischen Symbol und Sinngehalt, zwischen Rätselwort und Realität unter dem starken Druck von Angst und Gefühlsandrang nicht mehr unterschieden zu werden vermag[4]. In gerade einer solchen Lage befindet sich der Müller in der *Rumpelstilzchen*-Erzählung. Bildhaft gesprochen machte es Sinn, wenn er sagte, all sein Strohdreschen und Kornmahlen in der Mühle führe zu nichts, seine einzige Kapitalreserve bestehe in der Schönheit seiner Tochter mit der Aussicht einer lukrativen Partie – diese seine Tochter könne insofern tatsächlich noch »Stroh« in »Gold« spinnen. Aber so drückt sich der Müller gegenüber dem König nicht aus. Das bildhaft Gemeinte stellt er ihm dar als greifbare Tatsache, indem er seinen symbolischen Wunsch der Strohspinnerei in eine reale Fähigkeit seiner Tochter formt. Eine derartige Umwandlung unterläuft ihm gewiß wunschgemäß, aber im Grunde unwillentlich, unbewußt, muß man denken. Dieser Müller weiß buchstäblich nicht mehr, was er da sagt. Ein Mensch, der an seinem Elend wahnsinnig wird, ist außerstande zu *lügen*; er erschafft sich vielmehr unter dem Druck seiner Not eine eigene vollkommen aus Wunsch und Erwartung gesponnene Welt, die ihm nur eines ganz sicher erlaubt: sie schützt ihn vor der beschämenden Wirklichkeit. Selbst eine wohldurchdachte, scharfsinnig berechnete Lüge könnte nur schwerlich die Schande, welche die Spekulation des Müllers mit der Schönheit seiner Tochter unvermeidbar belegt, so geschickt umgehen wie diese psychotisch anmutende Fiktion: Das eigentliche »Kapital«, mit dem er sein »Stroh« in »Gold« zu verwandeln hofft, muß fortan gar nicht mehr erwähnt werden: die verlockende Anmut des Mädchens. Mit dem phantastischen »Gespinst«

vom »Goldspinnen« vermeidet der Müller es, den gemeinen Schacher um die Schönheit seiner Tochter auch nur von fern einzugestehen. Statt dessen stellt er sich selber vor als ein Mann von ungeahnten Ressourcen: Der Gewinn, den er mit der Verheiratung seiner Tochter zu machen hofft, liegt seinen Worten nach längst schon vor in der Tüchtigkeit dieses Mädchens! Nicht ein Bittsteller also ist er, der froh sein muß, wenn sein kupplerischer Coup gelingt, vielmehr hat der König selbst allen Grund zur Freude, wenn er in diesem Müller seinem wahren Wohltäter begegnet[5]. Und der König geht darauf ein. Stroh zu Gold zu spinnen, erklärt er, das sei nun wirklich *eine Kunst, die mir wohl gefällt*.

Zwei Mechanismen, mit denen die Psyche sich vor allzu unliebsamen Gefühlen und Wahrheiten zu schützen sucht, haben diese für den Müller so überaus vorteilhafte Verkehrung der Wirklichkeit ermöglicht: zum einen die Verschiebung der symbolischen Rede ins Gegenständliche – eine vollständige Objektivierung des Subjektiven, eine Ersetzung der Wirklichkeit durch den Wunsch; und dann, zum zweiten, die Projektion dieser wahnhaft geschaffenen Wirklichkeit in eine andere Person – in die eigene Tochter[6]. So wird aus dem Satz: »Ich hoffe, mit Hilfe der Schönheit meiner Tochter meine Armut in Reichtum zu verwandeln«, die dreist formulierte Behauptung: »Meine Tochter kann Armut in Reichtum verwandeln«, und zwar nicht durch ihr Sein, nicht durch die Verführungskraft ihrer Schönheit, nicht in Abhängigkeit von fremder Anerkennung und Zuneigung, sondern durch ihr Tun, autark, auf Grund ihrer unglaublich scheinenden Leistungsfähigkeit.

Man versteht, welch eine Erleichterung es bedeuten kann, aus dem unentrinnbar scheinenden Pfuhl von Scham und von Schande einen solch imaginativen Ausweg zu finden; allerdings ist der Preis dafür unerträglich hoch: er besteht in einem wahnhaften Selbsteinschluß, in einer vollkommenen Verpanzerung gegenüber der Wirklichkeit, in einer Immunisierung gegenüber jeglicher Kritik und Selbstkritik. Fortan ist dieser Müller nicht mehr ein armer Wicht, – ab sofort ist er der geheime Hüter unermeßlicher Schätze, der »Vater« buchstäblich allen Reichtums, ein Magier, dessen golderschaffende Macht in seiner Tochter inkarniert.

Erstaunlich scheint unter diesen Umständen vor allem die prompte Bereitschaft des »Königs«, dieses aberwitzig anmutende Possenstück mitzuspielen. Wie denn – der arme Müller besäße eine Tochter, die Stroh in Gold zu spinnen vermöchte? Legte da nicht wie von selbst die Frage sich nahe, warum er bislang einen so bescheidenen Gebrauch von diesen seinen schier unerschöpflichen Möglichkeiten gemacht habe? Ein vom Schicksal so außergewöhnlich beschenkter Mann, sollte man glauben, müßte längst schon im Besitze ausgedehnter Güter und Ländereien sich befinden; längst schon müßte sein legendärer Reichtum in aller Munde sein; und wieso erst jetzt zeigt er sich willens, einem König zu dienen, der offensichtlich selber klamm bei Kasse ist, wo er sich seinen Monarchen seit eh und je so souverän hätte erschaffen können wie die Handelshäuser der Fugger und Welser im 16. Jh. die Kaiser und Päpste in Reich und Kirche?

Allem Anschein nach benimmt sich dieser Müller in seiner Vaterrolle so ähnlich wie die berühmt-berüchtigten Drachen in Legende und Sage: sie hausen in Höhlen als Wächter unschätzbarer Mengen kostbarer Kleinodien und kunstvollen Zierats in Gold und in Edelgestein, doch sind sie unfähig, ihre unermeßlichen Güter für sich selbst oder für irgendwen anderen zu nutzen. Eifersüchtig achten sie auf ihren Besitz, doch wissen sie nicht, was sie damit anfangen sollen[7]. Dem König in unserem Märchen erscheint jener Müller mitnichten als ein solches Ungeheuer, dafür ist er viel zu erpicht darauf, das ungeheure Versprechen dieses Mannes zu erproben; aber eine derartige »Drachenseite« besitzt der Müller unzweifelhaft für die größte Kostbarkeit in seinem Leben: für seine eigene Tochter. Wenn schon der »König« an dieser Stelle als ein bloßer Statist der väterlichen Wahnwelt auftritt, außerstande zu den einfachsten kritischen Überlegungen, in welch einer Gefangenschaft der Seele wird sich im Schatten seines Vaters dann dieses Mädchen befinden, das mit einem phantastischen Versprechen jenem König in die Ehe gelobt wird?

»die kann Stroh zu Gold spinnen«

Alles sieht aus nach einer wohlberechneten Komplizenschaft zwischen Tochter und Vater, wenn das Mädchen so tut, wie wäre es wirklich die rechte Person, die Kunst des »Strohspinnens« auszuüben. Warum nur, muß man fragen, begibt es sich in solch eine Sackgasse, an deren Ende nach menschlichem Ermessen doch bloß die vollkommene Blamage stehen kann? Die Antwort darauf im Leben so vieler Menschen, Mädchen zumeist, ist überaus tragisch: – schon deshalb verdient gerade dieses Moment in dem Märchen vom *Rumpelstilzchen* die größte Beachtung.

Um sich in die Lage der Müllerstochter hineinzuversetzen, braucht man sich nur vorzustellen, wie jene »narzißtische« Besetzung durch den Vater auf das Mädchen wirken wird. Es verfügt über keinerlei eigenen Erfahrungsspielraum, – so viel steht fest; denn in dem gleichen Maße, in dem der Vater sein Schicksal an das Sein seines Kindes bindet, wird dieses mit ihm selbst sich verbunden fühlen. So wie der Vater die Tochter als das Substitut all seiner eigenen Mängel betrachtet, wird diese die Verpflichtung verspüren, genau die Rolle der Erfüllerin aller väterlichen Erwartungen widerspruchsfrei zu übernehmen. Keine Frage: Dieses Kind ist allein auf der Welt, um das desaströse Minderwertigkeitsgefühl seines Vaters durch den Wert seines Wesens zu kompensieren. In ein derartiges Beziehungsschema zwischen Vater und Tochter, das für ein heranwachsendes Mädchen stets schicksalbestimmend ist, ließen sich alle möglichen Themenstellungen eintragen[8]; im Märchen vom *Rumpelstilzchen* aber stellt sich der Müllerstochter zentral eine einzige Aufgabe: sie muß die Ehre ihres Vaters retten; und das ist nicht anders möglich, als daß sie dessen Gespinst aus Scham und Schande, aus Wunschwelt und Wahnwelt in ihr Verhalten, in ihre Haltung übernimmt.

Es mag eine Zeit gegeben haben – und es mögen davon immer noch gewisse Reste erinnerlich sein –, da dem Mädchen bewußt war – und ist –, aus was für Unwahrhaftigkeiten und Unwahrscheinlichkeiten das Netz gesponnen ward, das jetzt zur Tarnung der väterlichen Armut und Armseligkeit dienen soll. Doch würde dieses Mädchen sich niemals in die strohgefüllte Kammer des Königs begeben, wenn es nicht als erstes hätte lernen müssen, den väterlichen Weisungen aufs Wort zu gehorchen und das eigene Denken bis zur Selbstzerstörung einzuschränken. Richtig, so lautet die Lektion, ist nicht, was die eigenen Sinne an Informationen aufnehmen und das eigene Urteilsvermögen daraus als Resultat ableitet; »richtig« ist allein die Wahnwelt des Vaters, die dieser bedingungslos aufoktroyiert. Wenn die Müllerstochter ihn »verrät«, so droht der Untergang aller; wenn sie ihn anzeigt, ist alles verloren. Wie in einer kriminellen Vereinigung kommt es unter diesen Umständen darauf an, zusammenzuhalten und kein Sterbenswörtchen nach außen dringen zu lassen. Die Wahrheit selber wird tödlich in einer Welt, innerhalb derer die Lüge zur Grundlage des Lebens geworden ist.

»Ich wußte genau«, erzählte eine Frau aus ihrer Kindheit, »daß mein Vater sich und allen anderen etwas vormachte. Aber ich durfte es nicht wissen, und noch weniger durfte ich es irgend jemandem sagen.« Ihr Vater war um 1948 aus russischer Gefangenschaft heimgekehrt als ein gebrochener Mann, beladen mit zahlreichen befohlenen Verbrechen der Großdeutschen Wehrmacht, deren er sich, anders als andere, durchaus nicht rühmen mochte; er schwieg diese unsägliche Zeit stumm in sich hinein. Seinen seelischen Verwundungen zum Trotz versuchte er, ein guter Familienvater und zuverlässiger Bürger zu sein. Dabei freilich stellte sich bald schon heraus, daß er in gewissem Sinne zu spät kam. Damals erlebte Nachkriegsdeutschland im Westen gerade die Währungsreform, die Wirtschaft zog an, die Startplätze bei dem großen Rennen um Geld und Geltung waren bereits vergeben. Wie soll ein Mann sich um eine Stelle bewerben, den man als Schreiner und Drechsler von der Werkbank weg in den Krieg geschickt hat und der nun, nach vielen verlorenen Jahren, ehrlicherweise einem jeden erklären müßte, daß er alles verlernt hat, was er einmal als Handwerk beherrschte, daß er vollkommen neu eingearbeitet werden müßte – daß er, mit einem Wort, kaum daß es losgeht, den Anschluß verpaßt hat? All die Jahre über hatten seine Angehörigen die größten Hoffnungen auf den Tag seiner Wiederkehr gesetzt, – alles würde gut werden, käme er nur zurück. Nun war er zurückgekommen, und er wollte sie nicht enttäuschen. Also gab er sich als Kunsthandwerker aus, und wirklich bekam er in dieser Eigenschaft einen Auftrag der Stadt; er wurde damit betraut, eine Figurengruppe für das neu errichtete Rathaus zu schaffen. Natürlich war zu Hause die Freude darob übergroß, – doch: wie sollte dieser Mann einer so ehrenvollen Aufgabe nachkommen? Im Grunde wußte er nur zu gut, daß er mit seinen leeren Versprechungen in der Falle saß. Immer wieder erfand er Ausreden, warum es ihm (noch) nicht möglich sei, den Liefervertrag terminlich einzuhalten: es lag am Holz, an fehlendem Schnitzgerät, ein so großes Projekt, wenn es wirklich gelingen sollte, brauchte eben die nötige Zeit ... »Mein Vater«, erinnerte sich die Frau, »stand stundenlang am Fenster und beobachtete die Straße, wann die Polizei käme, ihn abzuholen.« Offenbar befand dieser Mann sich in einer sonderbaren Mischung aus paranoischen Ängsten und einer durchaus realen Einschätzung der Lage, in die er sich wie mutwillig hineinmanövriert hatte. »Wir aber«, ergänzte die Frau, »mußten so tun, wie wenn wir an Vaters Meisterschaft unverbrüchlich glaubten. Es war die Bedingung, um mit ihm auszukommen. Jede Frage, ob er mit den Schnitzarbeiten denn schon begonnen habe, wehrte er unwirsch ab. Ich hätte mir nie erlaubt, darüber nachzudenken, ob er wirklich ein so großer Künstler oder einfach ein Hochstapler war. Ich spürte nur, daß alles auf eine Katastrophe zutrieb, so als lebten wir im Inneren einer Luftblase, die irgendwann platzen würde. Das einzige, was wir erreichen konnten, war ein Zeitaufschub. Wir mußten Vaters Angaben für real ausgeben, wir durften sie nicht für die Angebereien erklären, die sie objektiv waren. – Der Grund, warum wir uns so verhielten, ist schwer zu benennen. Wenn Vater einfach nur ein Lügner gewesen wäre, hätten wir ihn mit der Wahrheit konfrontieren können. Er aber hatte ein so zerbrechliches Ehrgefühl. Niemand konnte ihm sagen, daß er vielleicht einmal ein brauchbarer Tischler gewesen war, doch nie und nimmer ein Kunsthandwerker. Es hätte den Todesstoß für ihn bedeutet, und den wollte niemand ihm versetzen. Zudem erschien es auch uns selbst so, als wenn seine Anerkennung mit der unsrigen identisch sei. <u>Wir waren er, und er war wir. Keiner lebte</u> ein eigenes Leben. <u>Wir existierten alle sozusagen nur ersatzweise.</u>«

Man muß es erstaunlich finden, daß diese Frau nicht selber durch die Widersprüche ihres Vaters in die Paranoia getrieben wurde; in bewundernswerter Weise war sie imstande, die Situation dieses Mannes und ihre eigene Funktion an seiner Seite geistig zu erfassen, und anscheinend erhielt diese analytische Fähigkeit ihr jenen Rest an Unabhängigkeit, der sie vor dem äußersten bewahrte. Fast kam ihr die Rolle einer Retterin zu – einer Mädchengestalt, wie – noch einmal – DOSTOJEWSKI sie in seinem frühen Romanfragment *Njetotschka Neswanowa*, freilich in der Negativgestalt einer Scheiternden, gemalt hat: ein stets überfordertes Kind an der Seite seines Stiefvaters, eines Geigenvirtuosen, der aus Verbitterung und um sich die Einbildung zu erhalten, ein verkanntes Genie zu sein, seit Jahren sich weigert, eine neuerliche Kostprobe seiner Kunst zu geben; als er, anläßlich des Konzerts eines allseits geachteten Maestros, es dann doch tut, bringt er nichts hervor als eine Serie von Tönen zwischen Krächzen und Schluchzen: er nahm »die Geige ... und wie mit einer Geste der Verzweiflung schlug er mit dem Bogen auf die Saiten ... Die Musik begann. – Das aber war nicht Musik ... Das waren nicht Töne einer Geige, sondern es war, als wenn zum erstenmal in unserer dunklen Wohnung jemandes grauenhafte Stimme erdröhnte ... Tiefste Verzweiflung schrie aus diesen Tönen, und als es schließlich zum furchtbaren Finale kam, in dem alles hervorbrach, was es an schluchzendem Weh, was es an Qual in zerquälten Herzen und an Sehnsucht in hoffnungslosem Sehnen gibt, und als all das sich plötzlich, wie zu einem einzigen Ausdruck vereinigte ... da konnte ich es nicht mehr aushalten – ich erbebte. Tränen entströmten meinen Augen und mit einem verzweifelten Schrei stürzte ich zum Vater und umklammerte ihn mit meinen Armen. Er schrie auf und ließ seine Geige sinken.« – »Ach! Da bist du ja auch noch«, sagte er zu seiner Tochter. »So ist noch nicht alles aus! So bist du mir noch geblieben!« Während Vater und Tochter allen Menschen, aller Schande, dem ganzen Leben davonzulaufen versuchen, holt, wie naturnotwendig, der Tod den Vater ein. »Er starb«, wird Njetotschka später sein Schicksal erklären, »als auch seine letzte Hoffnung dahinschwand, als das Werk seiner Einbildung wie mit einem einzigen Schlag vor seinen eigenen Augen zerschmettert worden war und ihm plötzlich alles das klar zur Erkenntnis kam, womit er sich sein Leben lang belogen und worauf er sich sein Leben lang gestützt hatte. Die Wahrheit blendete ihn mit ihrem unerträglichen Licht, und das, was Irrtum gewesen war, wurde nun auch für ihn selbst – Lüge. An jenem Abend hatte er die Kunst eines wirklichen Genies gehört, das unmittelbar zu ihm sprach und das ihn zugleich auf ewig verurteilte... Als ob alles, was ihn sein ganzes Leben lang nur in geheimen, ungreifbaren Qualen gepeinigt hatte, alles, was ihn bis dahin nur wie ein Spuk geschreckt und in seinen Träumen unfühlbar, unerhaschbar gequält hatte, was sich ihm, wenn auch nur von Zeit zu Zeit, ins Bewußtsein gedrängt, wovor er aber stets mit Entsetzen geflohen war, wovor er sich hinter der Lüge seines ganzen Lebens zu verschanzen gesucht – ... als ob all das plötzlich strahlend hell vor ihm aufgeleuchtet wäre und sich seinen Augen offenbart hätte, die sich bis dahin so eigensinnig geweigert hatten, das Licht als Licht anzuerkennen, und die Finsternis als Finsternis!«[9] Njetotschka kann mit all ihrem Leid den Vater nicht von der Lebenslüge seiner überhöhten Ich-Ansprüche erlösen, und sie kann ihn auch nicht vor dem Absturz in Wahnsinn und Tod im Augenblick seines »persönlichen Gerichtes«, im Augenblick und im Anblick der Wahrheit bewahren; genau das aber versucht die Müllerstochter im Märchen vom *Rumpelstilzchen*. Sie opfert sich, um ihm das »Jüngste Gericht« in dieser Form einer beschämenden Bloßstellung zu ersparen.

Was die Müllerstochter von dem Mädchen in unserem Fallbeispiel oder von DOSTOJEWSKIS Njetotschka unterscheidet, ist vor allem die offenkundige Tatsache, daß in ihrem Fall nicht der Vater das Genie zu sein vorgibt, sondern daß er diese Rolle auf Sein oder Nichtsein an seine Tochter delegiert. Noch weit stärker als in den genannten Biographien ist sie es, die zur Ehrenrettung des Vaters beizutragen hat, und zwar nicht, wie man entsprechend der Einleitung des Märchens meinen sollte, durch die strahlende Schönheit, die sich in ihr verkörpert – durch das also, was sie *ist* –, sondern durch jene phantastische Fähigkeit zur Goldspinnerei – durch das also, was sie *tut*.

Im Grunde geht dieser Verschiebung vom Sein zum Tun eine Verwechslung in der Selbstbewertung des Müllers voraus: auch er achtet sich nicht für seine Person, für das, was er ist, – er verachtet sich vielmehr für das, was er nicht *hat*. Indem er bei sich selber das Sein durch ein negatives Haben ersetzt, nötigt er jetzt seine Tochter zu einem phantastischen *Handeln*. Aus der Nichtigkeit seines Seins wird somit die Unmöglichkeit ihres Tuns, und in all dem geht es um eine Geltung, deren Währung in Geld und Gold in Rechnung steht. Von außen her ist das alles gut zu verstehen. Wie aber wirkt ein solch krankhaftes Arrangement eines zutiefst Gekränkten auf eine von ihm seelisch vollkommen Abhängige sich aus? Wie wird sie es erleben, daß das »Kapital« ihrer Schönheit ersetzt werden soll durch eine reine Fiktion – durch die Goldspinnerei? Der Müller nimmt diese Ersetzung vor, um sich vor sich selber nicht schämen zu müssen – so viel wissen wir; doch seine Tochter wird er damit paradoxerweise zwingen, sich *schämen* zu müssen für ihre *Schönheit*.

Kein Geringerer als THOMAS MANN (1875–1955) war es, der in *Bekenntnisse des Hochstaplers Felix Krull* die lasziv-ironische, die ebenso mannstolle wie frigide Diane Philibert darüber nachsinnen ließ, daß Schönheit, als ein einfaches naturgegebenes Sein, stets ein Moment der Unreflektiertheit, ja, der Dummheit in sich schließe: »Alle Schönheit ist dumm«, räsoniert sie, »weil sie ganz einfach ein Sein ist, Gegenstand der Verherrlichung durch den Geist.« »Der Geist«, erklärt sie demgegenüber, »ist wonnegierig nach dem Nicht-Geistigen, dem Lebendig-Schönen dans sa stupidité (sc. frz.: in seiner Stumpfheit, d.V.) verliebt, oh, so bis zur Narrheit und letzten Selbstverleugnung und Selbstverneinung verliebt ist er ins Schöne und Göttlich-Dumme, er kniet vor ihm, er betet es an in der Wollust der Selbstentsagung, Selbsterniedrigung, und es berauscht ihn, von ihm erniedrigt zu werden.«[10]

Natürlich weiß THOMAS MANNS Diane, was sie damit auch über sich selbst aussagt, und eben dieses Wissen rückt ihre Behauptung, kaum ausgesprochen, aus der Sphäre des Ernsthaften hinweg und stellt sie auf die Stufe eines koketten Bonmots: Etwas, das muß man zugeben, ist an ihren Geistreicheleien schon dran, doch im ganzen, das weiß man auch, sind ihre Redensarten ebenso witzig wie aberwitzig. Ernst, tödlich ernst hingegen ist die Art und Weise, wie der Müller im Märchen vom *Rumpelstilzchen* mit der Schönheit seiner Tochter verfährt: dieser für jedermann sichtbare Vorzug des Kindes soll erkennbar keine Rolle spielen, um die Gunst jenes »Königs« zu erringen; dessen ganze Zuneigung und Zuwendung soll ruhen allein auf dem erdichteten Vermögen des Mädchens, Stroh in Gold zu verwandeln. Zählen sollen nicht sein Liebreiz und seine Anmut, zu Buche schlagen soll einzig sein außerordentliches Können.

Wie sich eine solche Konstellation seelisch gestalten kann, berichtete eine andere Frau aus ihrer Schulzeit. Unübersehbar in den Augen aller war von klein an ihr liebreizender Wuchs und ihr hinreißendes Wesen, und deutlich spürte auch sie, mit welch stolzer Freude ihr Vater sie anschaute; gleichzeitig aber lag auch etwas anderes, Mißbilligendes, in seinem Blick. »Alle sollten wohl sehen, daß mein Vater eine schöne Tochter hatte«, erinnerte sich diese Frau, »aber ich selber sollte es nicht bemerken. ›Aus dem Spiegel schaut dich der Teufel an‹, pflegte er zu sagen. Er wollte stolz sein auf mich, aber er wollte unter allen Umständen verhindern, daß ich es auf mich selber sein würde. ›Du hast Augen wie eine Zigeunerin‹, schimpfte er manchmal. ›Knote deine Haare anständig zusammen‹, befahl er. ›Du läufst herum wie ein Flittchen‹, behauptete er später, als ich größer wurde. Vielleicht hatte er einfach Angst, mich an den Erstbesten zu verlieren. Seine Tochter sollte sich für etwas Höheres aufheben. Sie sollte sich nicht billig machen. Sie sollte warten können, statt sich wegzuwerfen. ›Wie man aussieht, dafür kann man nichts‹, lautete einer seiner Lieblingsaussprüche; ›doch was man aus sich macht, das entscheidet über den Wert eines Menschen.‹ Also mußte ich etwas aus mir machen, um in seinen Augen etwas ›wert‹ zu sein – um ihm ein noch besseres, ein moralisch einwandfreieres Motiv seines Stolzes zu bieten. So wurde die Schule zu meinem eigentlichen Bewährungsfeld. Alle Noten, die ich nach Hause brachte, verfolgte er mit Argusaugen. Seiner Vorstellung nach war ich hochbegabt, ein ausgemacht kluges Kind, seine Tochter halt, wenn ich nur fleißig wäre und mich gehörig anstrengte. Es erschien ihm undenkbar, daß ich etwas nicht konnte, und wenn eine solche Möglichkeit sich auch nur andeutete, reagierte er geradewegs beleidigt. Ich entwürdigte ihn, ich entehrte ihn, ich beschämte ihn, wenn ich keine gute, keine sehr gute, keine ausgezeichnete Schülerin war.«

Was dieser Frau in ihrer Darstellung weitgehend verborgen blieb, waren die unbewußten Antriebe, die sich hinter dem Gebaren ihres Vaters vermuten lassen: Ein Hauptmotiv dürfte darin gelegen haben, daß er seine Tochter nicht an einen anderen »abgeben«, nicht an jemanden »verlieren« mochte. In manchen Märchen sind es die Väter, die einem potentiellen Brautwerber um ihre Tochter schier lebensgefährliche, an sich tödliche Herausforderungen in den Weg legen[11]; in der Erzählung vom *Rumpelstilzchen* setzt der Müller die Aufgabenstellung für seine Tochter selbst derart ins Unerfüllbare, daß sie im Grunde daran nur scheitern kann – scheitern *soll*. Es ist möglich, den »Marktwert« eines Mädchens so hoch zu veranschlagen, daß es unverkäuflich wird; es ist aber auch möglich, der eigenen Tochter ihre Heirat mit einem Manne derart »teuer« zu machen, daß die Voraussetzung dafür niemals zu erbringen sein wird, jedenfalls nicht, solange es mit rechten Dingen zugeht; und in dieser Art konzipiert scheint die Vorgehensweise des Müllers in unserem Märchen.

Durchaus vergleichbar verhielt sich auch der Vater jener Frau: Indem er von seiner Tochter statt ihrer offensichtlichen Schönheit Klugheit, statt ihrer Anmut schulische Leistung, statt ihrer ästhetischen Attraktivität intellektuelle Aktivität verlangte, entwertete er, was ihr wert war. Wenn diese Frau ein natürliches Gefallen an sich fand, mußte sie als Mädchen lernen, sich dafür zu verachten. »Bilde dir bloß nichts ein auf deine Schönheit«, besagte eine der Lehren ihres Lebens; »achtenswert sind deine Leistungen; was du an Nützlichem tust, das begründet dein Ansehen; – dein Aussehen ist unwichtig oder geradewegs trügerisch.« Auf diese Weise mußte die Frau ihr Selbstwertgefühl in das stets Unerreichbare, in das im Grunde Unmögliche setzen. Um sich nicht als »schön« zu entdecken, mußte sie »klug« sein. Für das, was sie war, hatte sie sich zu verachten, auf daß sie sich achtete für das, was sie nicht war. In allem mußte sie das Gegenteil ihrer selbst werden.

Der französische Dichter CHARLES PERRAULT (1628–1703), der mit seinen Märchen verschiedene Erzählungen der BRÜDER GRIMM unmittelbar beeinflußt hat, bietet in seiner Geschichte von *Riquet mit dem Schopf* nicht nur eine Darstellung, sondern auch eine mögliche Lösung eines solchen Konfliktes zwischen Schönheit und Klugheit[12]: Da gebiert eine Königin einen äußerst mißgestalteten, doch außerordentlich klugen Sohn – eben den mit dem Schopf aus der Familie der Riquets, und sieben Jahre später gebiert eine andere Königin in einem

Nachbarreich zwei Mädchen, deren eines überaus schön, aber dumm, und deren anderes überaus klug, aber häßlich ist; am Ende wird es dahin kommen, daß Riquet sich in das vermeintlich dumme, doch wunderschöne Mädchen verliebt und ihm das Ansehen der Klugheit verleiht, während das Mädchen ihm, dem Klugen, doch Häßlichen, das Aussehen der Schönheit schenkt. In beiden Fällen handelt es sich um ein »Wunder«, das wohl »*allein die Liebe*« zu vollbringen vermag. Denn nur die Liebe lehrt, den anderen so zu nehmen, wie er ist; nur sie ist fähig, seine innere Schönheit zu entdecken; nur sie wird seine Worte als Lehrpfade zu seinem Herzen betrachten. Immer deshalb ist der Geliebte schön, immer deshalb die Geliebte klug; allein in der Liebe fällt der THOMAS MANNsche Gegensatz von Schönheit und Klugheit dahin. Doch das ist eine andere Geschichte. Es ist (leider) nicht das, was das Märchen vom *Rumpelstilzchen* vor Augen hat.

und ihre Angst ward immer größer

Was die Erzählung vom *Rumpelstilzchen* beschreibt, ist eine durch und durch *lieblose* Geschichte. Da verkuppelt der Müller seine Tochter, als sei sie das gestaltgewordene Fort Knox, in dem die gesamten Goldreserven der Vereinigten Staaten von Amerika lagern, oder, genauer noch, als sei sie die Göttin jenes sagenhaften Yukon-Rivers, an dessen Ufern um 1900 der Goldrausch aller Desperados und Glücksritter in den USA ausbrach; doch so absurd auch immer, dieser »König« zeigt sich allsogleich bereit, auf das famose Anerbieten jenes zwielichtigen Müllers einzugehen: Ab jetzt, sobald dessen Versprechen wahr wird, ist er wirklich ein »König«.

Was ist es nur mit einem solchen Mann, der derart blind sich eine Frau einkauft, die ihm materiell die ganze Welt zu Füßen legen soll? Wohl, wir verstehen, er ist ein »König« – das allein langt offenbar schon aus, sich in die Ehe einzubringen; alles andere, was seine Hofhaltung an Kosten fordert, hat gefälligst der andere, seine künftige Frau, herbeizuschaffen. Er, der König, bietet das äußere Prestige, ihr, der Müllerstochter, obliegt die Aufgabe, ihn in allem sonst zu entlasten und ihm im

Hintergrund die Mittel für einen reibungslosen Ablauf seiner Selbstinszenierungen bereitzustellen. Patriarchaler könnte die Rollenverteilung kaum ausfallen.

Es gibt dementsprechend Autoren, die in dem Märchen vom *Rumpelstilzchen* allen Ernstes eine weibliche Emanzipationsgeschichte erblicken wollen[13], und wirklich: an Zwang und Unterdrückung, von denen ein Mensch sich emanzipieren sollte, gibt es allemal genug, nur daß wir die Müllerstochter nichts, aber auch gar nichts an Widerstand den väterlichen Insinuationen entgegensetzen sehen. Andere Autoren wollen deshalb in der Müllerstochter ein rein passives Wesen erblicken[14], und wirklich: an Willfährigkeit und Fügsamkeit, die für eine solche Auffassung sprechen können, bekommen wir in dem Verhalten dieser Frau mehr zu sehen, als uns für wünschenswert erscheinen mag, nur daß ein Betragen wohl kaum als passiv bezeichnet zu werden verdient, das unter derart schweren Schuldgefühlen und Verantwortungsansprüchen zustande kommt, wie die Müllerstochter sie in sich trägt. Wenn es für sie überhaupt eine Wahl gibt, dann zwischen Tod und Schande, nicht zwischen Abhängigkeit und Unabhängigkeit. Wird sie *diese Nacht durch bis morgen früh* nicht eine Kammer voll Stroh ... *zu Gold versponnen* haben, muß sie nach königlichem Urteil sterben; spricht sie hingegen selbst ihrem Vater das Urteil und erklärt das ganze Abkommen für null und nichtig, so liefert sie ihn unfehlbar größter Schmach und möglicherweise sogar einer Hinrichtung wegen dreisten Betrugs aus. Gerade darin liegt, wie wir nach allem Gesagten bereits wissen, ein wichtiger Grund dafür, daß die Müllerstochter sich überhaupt auf diesen »Kuhhandel« (oder, wie man auch sagen kann, auf dieses »Goldene-Gans«-Versprechen) einläßt, – warum sie nicht frank und frei ihrem vom Vater Angelobten erklärt, daß es mit den ihr angedichteten Fähigkeiten nichts auf sich hat.

Von vornherein ist unter der Ägide ihres Vaters alles aufs ganze gestellt, – höchster Aufstieg oder tiefster Fall, nur eins von beiden scheint dieser Mann zu kennen; und wir müssen denken, daß, so wahnhaft seine Vorstellungen sich auch gestalten mögen, im Ansatz doch eine reale Erfahrung in ihnen enthalten sein wird: Immer schon wird seine Tochter ihm psychisch (symbolisch) und wohl auch materiell (real) wie eine »Goldfee« zur Seite gestanden haben – als das Wesen, das alles versteht, das treu zu ihm hält, das ihm in jeder Weise zu Willen ist, das auf alle eigenen Wünsche verzichtet, um seinen Bedürfnissen entgegenzukommen; ist es da nicht nur konsequent, dem »König« in Aussicht zu stellen, es werde dieses Mädchen als Frau in der Ehe sich, nur ins Endgültige und Endlose gesteigert, gerad so verhalten wie all die Zeit bisher im Vaterhaus? Als Symbol beschrieb die »Goldspinnerei« gewiß einmal den realen »Gebrauchswert« der Tochter für ihren Vater, und offenbar ist dies denn auch das eigentliche Versprechen, das der Müller dem König zu geben vermag: verheiratet werde seine Tochter sich als ebenso fügsam und brav, als ebenso nützlich und fleißig, als ebenso tüchtig und tapfer erweisen, wie sie bisher sich dem Vater gegenüber gezeigt hat.

So jedenfalls löst sich das Rätsel um die scheinbar willenlose Fügsamkeit, mit der die Müllerstochter sich von jenem »König« in die Strohkammer einsperren läßt. In der Einstellung zu ihm setzt sich lediglich sozial erweitert – ins Unendliche gedehnt – die Beziehung zu ihrem Vater fort; ihre Heirat, psychoanalytisch ausgedrückt, basiert auf einer vollkommenen Übertragung des Vaterbildes[15]; schon deshalb kann sie sich dem König gegenüber nur so widerspruchslos angepaßt verhalten, wie sie es dem Müller gegenüber gelernt und gemußt hat.

Bereits daß in den Märchen der künftige Partner für den Bund des Lebens mit Vorliebe als »König« oder als »Königssohn« auftritt, zeugt von seiner Überwertigkeit im Erleben seiner späteren Frau, doch wird ihm diese »monarchische« Aura zumeist von den Gefühlen innigster Liebe verliehen[16]: Er, der Herzenserwählte, erscheint als so wunderschön und stark, – schon deshalb zieht er alle Zuneigung auf sich, schon deshalb rückt er natürlicherweise in den Mittelpunkt allen Interesses, schon deshalb ist er der designierte Alleinherrscher in ihrem Herzen; ganz entsprechend könnte man auch in unserem Märchen erwarten, die Liebe schüfe ein Band der fürsorglichen Zugewandtheit und der hingebungsvollen Verbundenheit zwischen zwei Liebenden, und es wäre der sehnsuchtsvollste Wunsch dieses Königs, die arme Müllerstochter – wie zum Beispiel in der GRIMMschen Erzählung *Das Mädchen ohne Hände*, KHM 31[17] – ob ihrer Schönheit und Bravheit zu seiner

Königin zu erheben. Doch die Geschichte vom *Rumpelstilzchen* erzählt eben nicht von der wechselseitigen Verklärung des einen im anderen zum König und zur Königin der Liebe, es erzählt von einer brutalen »Probe« über Nutzen und Leistung auf Leben und Tod, es erzählt von der lebenslangen Fortsetzung einer erbarmungslosen Ausbeutung, es erzählt von einem Dasein in vollständiger Entfremdung.

Denn der eigentliche Inhalt der Vaterbeziehung oder nunmehr der Königshuldigung von seiten der Müllerstochter ergibt sich aus jener dramatischen Umwandlung von Leben in Leistung, von Lust in Last, von Lieben in Liebedienerei, die von dem Unleben des Müllers erzeugt ward. Das Resultat dieser Prozedur deckt sich auf fatale Weise mit unserer »modernen« Lebens»philosophie«, wie sie mittlerweile von früh bis spät in Politik und Wirtschaft über die Medien verbreitet wird und inzwischen bereits Einzug in die Vor- und Grundschulpädagogik für unsere Kinder hält oder doch halten soll. Die Überzeugung, die da vermittelt wird, entspricht, wie DOSTOJEWSKI in seinem Roman *Der Jüngling* schon im Jahre 1875 sich ausdrückte, dem Ideal der Rothschilds: der Absolutsetzung des Ziels, aus Geld viel Geld und aus viel Geld noch viel mehr Geld zu machen. Wie wird man Millionär? Eben dies ist die »Idee« des jungen Arkadij, »daß so ein ›Nichts‹ wie ich es gerade auf Macht« absehen muß, da »das Geld der einzige Weg ist, der selbst den Nichtigsten auf den ersten Platz bringen kann... Geld ist natürlich eine despotische Macht, zu gleicher Zeit aber ist es der größte Gleichmacher, und darin liegt seine hauptsächliche Macht. Geld macht alle Ungleichheiten gleich.« »Ich brauche das Geld nicht ... und nicht einmal die Macht; ich brauche nur das, was man durch Macht erwirbt und was man auf keine Weise ohne Macht erlangen kann; und das ist das einsame und ruhige Bewußtsein der Kraft! Das ist die erschöpfendste Bezeichnung dessen, was man ›Freiheit‹ nennt.«[18] Im Grunde hofft Arkadij, durch den Besitz von Geld den Makel seiner unehelichen Geburt tilgen zu können, und er erfindet damit in gewisser Weise den Kapitalismus aus psychischen Gründen, in vollem Bewußtsein, daß die von ihm angestrebte »Freiheit« identisch sein wird mit der höchsten Unfreiheit. Denn in der Tat: Ein Geld- und Wirtschaftssystem, das, wie im Kapitalismus, keinen anderen Zweck verfolgt als Gewinnmaximierung, als Geldgewinn durch Geldbesitz, ist notwendig darauf ausgelegt, die Goldspinnerei zur Pflicht, ja, zur Legitimationsgrundlage des Lebens zu erheben. Alles in der Welt gilt da für »Stroh«, denn es gibt nichts, das einen Wert in sich selbst besitzen würde; alles ist käuflich, alles ist verkäuflich; alles gehört demjenigen, der, in der Aussicht eines Gewinns beim Wiederverkauf, gewillt ist, eine maximale Summe beim Ankauf zu zahlen. 130 Jahre nach DOSTOJEWSKI sind die Folgen eines solchen Systems weltweit in Gestalt immenser Zerstörungen erkennbar; und wie denn auch nicht? Unter den Voraussetzungen des »freien Marktes« ist ein Urwaldgebiet in Amazonien oder im Pantanal Brasiliens mit Tausenden von Pflanzen und Tieren und Menschen gerade so viel »wert«, wie eine japanische Papierfirma oder eine amerikanische Fast-food-Kette oder eine internationale Tourismusgesellschaft oder eine Erdöl-Company... dafür zu zahlen bereit ist. Die ganze Welt steht da zum Ausverkauf, und der Wert der Teilobjekte, in die sie zerlegt wird, bemißt sich allein an dem Preisindex, in dem sie sich auf dem Markt »realisieren«, das heißt in der Sprache der Wirtschaftswissenschaftler: in Geld verwandeln lassen. Alles also ist »Stroh«, alles aber läßt sich zu »Gold« »spinnen«, man muß es nur geschickt genug anfangen.

Entscheidend dabei ist der Faktor der Zeit: *in einer Nacht*, pünktlich, muß die wunderbare Verwandlung erfolgt sein, ganz nach dem Grundsatz des Begründers des Scientific Managements FREDERICK WINSLOW TAYLOR (1856–1915), wonach Zeit Geld ist – wie lange es dauert, ein Produkt herzustellen, wie lange es dauert, es auf dem Markt »umzuschlagen«, wie lange es dauert, das gewonnene Geld zu reinvestieren, all das ist selbst ein Maßstab dafür, wieviel die investierte Arbeitsleistung bei ihrem »Umlauf« von der Warenform in die Geldform »wert« ist, – um wieviel mit anderen Worten das »vorgeschossene« Kapital sich »vermehrt« hat; und das alles geschieht in permanenter Existenzangst. In der Konkurrenz auf dem »globalisierten« Markt steht, wie in dem Märchen vom *Rumpelstilzchen*, die Todesstrafe darauf, nicht termingerecht die befohlene »Goldspinnerei« vollendet zu haben. Denn erfolgreich kann nur der Schnellste sein. Nur er wird als Sieger sich gegen alle anderen durchsetzen. Ein unerhörter Erfolgsdruck wird von diesem

Vernichtungswettbewerb aller gegen alle auf dem vermeintlich »freien« Markt erzeugt.

Will man die »Weltanschauung« dieses Systems des Umgangs mit Menschen, Tieren und Dingen auf eine knappe Formel bringen, so könnte sie nach dem Vorbild der Rede des »Königs« an die »Müllerstochter« in etwa so lauten: »Wenn du schon leben willst, so mußt du bestrebt sein, unter allen Umständen obenauf zu kommen; denn nur als Gewinner bist du berechtigt, zu sein.« So lautet das Grundgesetz des Lebens bereits in der Biologie: Die Schnellen überrunden die Lahmen, die Starken vertreiben die Schwachen, die Großen fressen die Kleinen, wie es ANDREAS PAUL WEBER (1893–1980), dessen Werke in einem eigenen Museum in Ratzeburg ausgestellt sind, unter dem Titel *Der Unkenfraß* im Jahre 1963 in einer Lithographie dargestellt hat (Abb. S. 7). Die Regieanweisungen, die aus dieser »Einsicht« für die Lebensführung sich ergeben, sind klar: »Sei schnell, sei stark, sei groß. Nur so erhältst du dir deinen Platz im Leben. Ja, nur so kannst du dir die Eintrittskarte ins Leben verdienen, die deine Anwesenheit legitimiert. An sich, wohlgemerkt, bist du vollkommen überflüssig und überzählig; kein Mensch hat dich vermißt, als du noch nicht existiertest, und kein Mensch wird dich vermissen, wenn es dich nicht mehr gibt, – außer du bringst etwas Brauchbares hervor, außer du ›machst‹ dich nützlich, außer du schaffst es dahin, den anderen in gewissem Sinne unentbehrlich zu werden. Und die sicherste Form, die anderen von dir abhängig zu machen, besteht nun einmal darin, daß du das Geld ›machst‹, das die anderen brauchen und bei dir erbetteln müssen. Denn dann bestimmst du die Preise, dann setzt du die Zinsen auf die Kosten der Kredite fest, dann diktierst du, was Recht und Ordnung ist. Wenn du genügend Geld machst, dann bist du selbst ein gemachter Mann, eine gemachte Frau. Dann hast du es geschafft.«

Man überdehnt den Aussagegehalt der Bilder des Märchens vom *Rumpelstilzchen* nicht, wenn man sie an dieser Stelle geradezu als prophetisch betrachtet. Alles im heraufziehenden Industriezeitalter des 19. Jhs. ist, trotz der dringlichen Warnungen gerade der romantischen Literatur, Philosophie und Malerei, so gekommen, wie es vorgreifend in der Eingangsszene dieser Erzählung beschrieben wird. Der Vergleich zweier Bilder mag diese geradezu dramatische Standortveränderung veranschaulichen. – Im Jahre 1822 malte CASPAR DAVID FRIEDRICH (1774–1840) das Bild *Der einsame Baum* (Abb. 1). Bezeichnenderweise wird das Bild auch als *Dorflandschaft bei Morgenbeleuchtung* geführt: Von dem »Dorf« sieht man soeben noch eine Kirchturmspitze, die winzig wirkt neben dem Baum in der Mitte des Bildes; die Menschenwelt verschwindet buchstäblich in der ausgedehnten Landschaft, vor den hochragenden Bergen, unter dem hohen wolkenüberzogenen Himmel. Und nun schaue man daneben ein Bild, das FRANZ RADZIWILL (1895–1983) im Jahre 1929 im Stil der Neuen Sachlichkeit unter dem Titel *Siel bei Petershörn* gemalt hat (Abb. 2). Auf diesem Bild, rund 100 Jahre später, verschwinden die Menschen inmitten ihrer selbstgeschaffenen Werke: des riesig aufgeschütteten Deichs und der wehrhaft wirkenden Ziegelstein-Mauer mit ihren drei Sieltoren; wohl führen Treppen und Leitern vom Deich herunter ans Wasser, doch wie fremd wirkt der Spaziergänger oben auf der Deichkrone oder jenes Paar auf dem linken Bildrand! Der schmal gewordene Himmel ist unheilschwanger in Schwarz getaucht, als bräche bald schon ein Unwetter los; Sturm scheint in die Segel des Schiffes zu fahren, das auf den schmutzig trüben Wassern eben hereinkommt, als wollte es in letzter Minute noch hinter einem der Sieltore Schutz suchen; zwei Möwen schweben vorüber wie die Boten einer neu anbrechenden Sintflut.

Dieser im Rückblick unglaublich scheinende Wandel ereignete sich zu Beginn des 19. Jhs., wenig später, als die BRÜDER GRIMM ihre Märchen edierten. Vorbei war nunmehr die Zeit, in welcher der Rhythmus des Lebens vom Aufgang und Untergang der Sonne im Wandel der Jahreszeiten bestimmt wurde; um effizient zu produzieren, wurde ab sofort alle Zeit Arbeitszeit. Tagesschichten und Nachtschichten wurden gefahren, die Arbeitszeit selber ward gleitend, und das menschliche Leben durfte so wenig stillstehen wie sein neuer Konkurrent auf dem Markt: die Maschine. Die Arbeitstätigkeit selber, um möglichst produktiv zu sein, wurde in eine Sequenz von rein mechanisch abzuleistenden Einzelhandlungen zerlegt, bis sie eines Tages denn auch von einer »richtigen« Maschine erledigt werden konnte. Der Erwartungsdruck an die menschliche »Produktivität« ging von Anfang an ins

Phantastische. Noch ehe mit der Arbeit begonnen wird, ist ein Arbeitspensum, eine Leistungsnorm festzusetzen: die ganze Kammer von Stroh in Gold! Wird diese (vom Unternehmer kalkulierte) Norm von seinem Angestellten nicht eingehalten, droht in den Worten des Königs im Märchen dessen »Hinrichtung« – will sagen: seine Kündigung, sein soziales Exil, sein Rückfall in das Nichts, aus dem er kam, seine Beseitigung. Selbst die geistigen Fähigkeiten, deren Wirkung PERRAULT noch in Andersartigkeit zu den Verlockungen weiblicher Schönheit sah, ist in unseren Tagen zu einem »Wachstumsfaktor« bloßer Kapitalinteressen auf dem Weltmarkt geworden. »Förderung von Bildung und Ausbildung« zum Beispiel – meint im Munde der Mächtigen keinesfalls *Menschen*. Es meint die Schaffung einer Reservearmee von Akademikern, die zwar nicht, wie die »1-Euro-Jobber«, ihre Haut, wohl aber das, was sich gemeinsam mit der Epidermis aus dem Ektoderm entwickelt hat: ihr Hirn, ihre Nerven, zu Markte zu tragen haben. Auch ihrer wird man, sobald sie die in sie gesteckten Erwartungen nicht erfüllen, sich prompt entledigen; und dann sind sie erledigt.

Das gesamte Wirtschaftssystem des Kapitalismus kann man durchaus in Übereinstimmung mit der Darstellung des Märchens auch als eine Verschiebung von gegenstandsgebundenem Konsum in eine abstrakte Kapitalvermehrung beschreiben. Zu einem »Kapitalisten« wird jemand, der sich nicht fragt, was er mit seinem Geld kaufen kann, um es für sich selbst zu genießen, sondern der einzig und allein überlegt, wie er sein Geld optimal »verwerten« kann. Der Soziologe MAX WEBER (1864–1920) glaubte deshalb, daß eine wichtige psychologische Voraussetzung für die Entwicklung eines solchen Wirtschaftssystems in der Trieb- und Genußfeindlichkeit der calvinistischen Frömmigkeitshaltung und Ethik zu suchen sei[19]. Ob diese These die historische Wirklichkeit unseres Geld- und Wirtschaftssystems als ganze zu erfassen vermag, sei dahingestellt; doch was sich psychologisch ereignet, wenn, wie im Märchen von *Rumpelstilzchen*, die Schönheit eines heranwachsenden Mädchens vollständig neutralisiert wird zugunsten einer ins Phantastische gestellten Leistungsforderung, das läßt sich allemal in solchen Begriffen wiedergeben: Der Körper eines solchen Mädchens wird unter dem Diktat von Müller und König sich selber entfremdet und in ein reines Produktionsmittel verwandelt; es gibt kein Gefühl mehr für sich selbst, es gibt nur noch die Angst vor der Nichterfüllung des Plansolls; es gibt keine Gedanken mehr an die Entfaltung der eigenen geistigen Interessen, es gibt nur noch eine Aufmerksamkeitslenkung, die auf die Abarbeitung der nächsten Teilschritte im Produktionsprozeß gerichtet ist; es gibt kein selbstbestimmtes Leben mehr, es gibt nur noch ein mühsames Überleben in der Übergabe alles Eigenen an den Arbeitsherrn.

Nun mag diese Form der Vergesellschaftung des Einzelnen in die Kapitalinteressen einiger weniger »Global Player« uns Heutigen inzwischen alternativelos als eine ganz normale Gegebenheit, ja, als eine unausweichliche Zukunftsperspektive vorkommen, – all diese Eindrücke und Visionen möglicher Außenlenkung und Fremdbestimmtheit werden im Märchen vom *Rumpelstilzchen* gleichwohl bei weitem dadurch noch übertroffen, daß sie nicht in Gestalt einer kollektiven Struktur auftreten, die eine objektive, quasi an sich bestehende Geltung besitzt, sondern daß sie in einer durch und durch individualisierten und privatisierten Form erscheinen. Vater und König, Familien- und Staatsoberhaupt greifen in ihren Ansprüchen an die Müllerstochter fugenlos ineinander, so als sei ihre Erziehung im »Vaterhaus« nichts weiter als eine gelungene Vorbereitung auf ihre Auslieferung an die Geldgier im »Königsschloß«. Für das persönliche Erleben am wichtigsten ist es dabei, daß die Müllerstochter die Effizienz ihrer Produktivität beim »Goldspinnen« als eine wirkliche Liebesbeziehung erleben soll und wohl auch tatsächlich so erlebt. Man höre nur in des Königs eigenen Worten, warum er dieses Mädchen zur Königin an seiner Seite zu erheben gedenkt: »*Wenn's auch eine Müllerstochter ist*«, überlegt er, »*eine reichere Frau finde ich in der ganzen Welt nicht.*« – »Daß du wunderschön bist«, heißt das mit anderen Worten, »ist mir vollkommen egal; wer du bist, was du fühlst, was du denkst, interessiert mich überhaupt nicht. Was ich von dir sehen will, ist das Gold, das du spinnst, ist der Ertrag deiner Arbeit, ist das, was du kannst, was du tust, was du hast.« Von Haben statt Sein sprach der Psychoanalytiker ERICH FROMM (1900–1980) in einer seiner wichtigsten Sozialstudien, in der er unserer gesamten Gesellschaft schon vor einem halben Jahrhundert bescheinigte, nicht das Leben zu lieben, sondern nekrophil zu sein: sie verkaufe das Lebendige an das Allertoteste, – an das Geld[20].

In der Tat zeigt sich die Vernichtungsgewalt, die der König verkörpert, in der Unersättlichkeit seiner Geldgier. »Je mehr er hat, je mehr er will«, besagt ein deutsches Sprichwort, um diese Haltung als ein persönliches Laster zu kennzeichnen; und gerade so muß es die Müllerstochter im Schatten dieses Königs erleben. Sie kann an Stroh zu Gold spinnen, so viel sie will oder so viel sie soll, es wird den König nur dahin bringen, immer mehr von ihr zu verlangen. Im Blickfeld des Märchens liegt dabei nicht die Frage, welchen systemgebundenen Zwängen des Wirtschaftslebens ein solcher »König« selbst in der Maßlosigkeit seines Kapitalbedarfs unterliegt; doch um so erschütternder wirkt seine Beschreibung einer menschlichen Beziehung, die unmenschlich genug ist, um in dem anderen nichts weiter zu sehen – nichts weiter sehen zu können –, als einen bloßen Wirtschaftsfaktor zur unerschöpflichen »Wertschöpfung« und Geldvermehrung. Das Wort »Liebe« ist da nur noch eine mühsam verhüllende Umschreibung für das schiere Habmachtverlangen. »Schaffe mir Geld oder ich bringe dich um« – *das* und nichts anderes ist die Grundlage für das Zustandekommen einer solchen »Hochzeit« zwischen »Müllerstochter« und »König«, zwischen Habenichts und Kapitaleigner, zwischen Lohnabhängigem und Arbeitsabhängigem. Aneinander gefesselt freilich sind beide als Sklaven in ein und demselben System wechselseitiger Verwiesenheit und Angewiesenheit. Wirklich erst unter dem Diktat dieses »Königs« wird die Müllerstochter in Nachtschichten, die sie in Todesangst antritt, zu einer »Goldspinnerin«, und erst durch die restlose Ausbeutung ihrer Arbeitskraft und ihrer Fähigkeiten gewinnt der »König« die ersehnte Basis seiner Macht. Aber vergessen wir bei all dem nicht den wahren Skandal dieses Arrangements: Kein bloßes Produktionsverhältnis wird hier beschrieben, sondern eine eheliche Beziehung, in der alles Persönliche und Individuelle zu einer bloßen Wirtschaftsbeziehung verkommen ist. »Das Kapital ist eine personale Beziehung«, schrieb KARL MARX (1818–1883) schon vor 150 Jahren[21]. Er konnte nicht entfernt absehen, in welch einem Umfang die Entwicklung der westlichen Industriegesellschaften ihn bestätigen sollte.

Für das Erleben der »Müllerstochter« in unserem Märchen dürfte ein weiteres, kaum verbalisiertes Motiv von einer zusätzlich großen Bedeutung sein: In der ganzen Geschichte kommt keine Frau, keine Mutter vor; ja, fast scheint es, als wüchse die schöne Müllerstochter als Halbwaise auf[22]. Auch dieses Moment trägt zweifellos mit dazu bei, die Tragödie ihres Lebens zu erklären. Nehmen wir an, sie habe sehr früh schon ihrem Vater die Frau ersetzen müssen, die er an seiner Seite vermißte; stellen wir uns vor, wie intensiv sie unter diesen Umständen als Mädchen an ihren Vater gebunden gewesen sein wird; halten wir uns vor Augen, wie ein Mädchen empfinden wird, das seine eigene Mutter werden muß, um in der Nähe seines Vaters als Kind aufwachsen zu können; – dann verstehen wir ohne weiteres, wie in der Seele einer solchen Müllerstochter sich die fatale Gleichung von Liebe und Ausbeutung vorbereitet haben mag, indem es für sie wirklich ein und dasselbe gewesen sein muß, des Vaters Zuneigung zu erringen und sich für ihn aufzuopfern. Psychoanalytisch können wir uns zudem denken, was in der Märchenerzählung selbst kaum angedeutet wird: daß die Unterdrückung der Liebe, daß die Neutralisierung der Schönheit des Mädchens, daß die Niederhaltung aller Lust unter anderem auch den Zweck verfolgt, den Vater vor dem Liebreiz seiner Tochter in Schutz zu nehmen und durch eine calvinistisch strenge Triebabwehr die Gefahr eines ödipalen Inzests auszuschalten[23]. Sozialpsychologisch freilich mag man dann erst recht ins Grübeln darüber geraten, was wohl aus Menschen wird, die in einer buchstäblich mutterlosen, rein patriarchalisch geprägten Welt zu leben gezwungen sind. Wie sollen in ihr Frauen jemals zu Müttern werden können? – Es ist kein Zufall, daß diese Frage jetzt den ganzen weiteren Fortgang des Märchens vom *Rumpelstilzchen* bestimmt.

»So versprich mir ... dein erstes Kind«

In Situationen restloser Überforderung, in Momenten unentrinnbarer Not kommt es in den Märchen nicht selten zu dem berühmten *Pakt mit dem Teufel*. Religionsgeschichtlich darf man dahinter besondere

Gelübde und Tauschverträge vermuten, wie sie vor allem im Katholizismus sich bis heute erhalten haben: Man verspricht, der Gottheit etwas zu geben (eine Serie von Gebeten und Bußleistungen, eine besondere Stiftung, ein Opfer), wofern diese dafür Rettung in aussichtsloser Lage gewährt. Als »teuflisch« galten solche religiösen Kontrakte wohl nur, wenn sie nicht dem Gott der Christen, sondern einer heidnischen Gottheit, wie Odin oder Freyr, gewidmet waren[24]. – Immer fällt es ja leichter, das »Heidnische« als sündhaften Spuk zu verfemen, als das gelebte Heidentum aus der eigenen Lebenspraxis zu verbannen. Doch müssen es keinesfalls Götter sein, deren Beistand in Notlagen wünschenswert wird: Da gibt es – wieder im Katholizismus – die vierzehn »Nothelfer«: Heilige, die zu speziellen Hilfsdiensten besonders geeignet scheinen. Als ein großer Wundertäter hilft auch der heilige Antonius, insbesondere den Vergeßlichen, wenn sie ihre Tasche oder den Hausschlüssel verloren haben; der heilige Christopherus bewährt sich als Begleiter von Reisenden usw. In allen Religionen gab und gibt es solche Sonderwesen einer überirdischen Patronage, die für ein gewisses Entgelt in Anspruch genommen werden konnten und können. Ein ausgewogenes Preis-Leistungsverhältnis charakterisiert derlei fromme Kontrakte des »Do ut des«, wie die Alten Römer sich ausdrückten: des »Ich gebe, damit du gibst.«

Neben Göttern und himmlischen Hilfsgeistern können von alters her aber auch Mächte als Beistand in Frage kommen, die dem Irdischen näher verwandt sind: Engelwesen stehen in der Welt des Barock in allen nur denkbaren Lebenslagen den Menschen zur Seite; in den Märchen der Völker sind es vor allem *Zwerge*[25], die, in unterirdischen Höhlen hausend, sich als weise Ratgeber erweisen (wie im Märchen *Das Wasser des Lebens*, KHM 97) oder als kunstfertige Bergleute und Schmiede (wie im Märchen von *Schneewittchen*, KHM 53)[26] oder auch als Diebe von Perlen und Edelsteinen (wie im Märchen von *Schneeweißchen und Rosenrot*, KHM 161)[27]. Es kann sein, daß die Affinität der »Zwerge« vor allem zu Gold und zum Schmiedehandwerk kulturgeschichtlich damit zu tun hat, daß beim Schürfen und Verarbeiten wie Gold oder Kupfer aus Mineralerzen nicht selten Arsenvergiftungen auftraten, in deren Folge Kleinwüchsigkeit und Lähmungen zu beklagen waren[28]: nicht zufällig galt der griechische Gott der Schmiede, Hephaistos, für hinkend[29]. Zwergen jedenfalls verdanken nicht wenige Helden der germanischen Überlieferung ihre scharfklingigen Schwerter, und insbesondere goldenes Geschmeide herzustellen verstanden die Wichtelmännchen auf wunderbare Weise. So ist es der Zwerg Brock, der in der nordischen Edda goldenes Haar herzustellen vermag, sobald es das Haupt von Thors Ehefrau Sif berührt[30]. Freilich, das alles erklärt noch nicht, womit wir es in dem Märchen vom *Rumpelstilzchen* zu tun haben. Haare sind etwas anderes als Stroh, und Goldverarbeitung ist nicht dasselbe wie Golderzeugung. Gerade eine solche aber, ein alchimistisches Wunder, die Verwandlung des völlig Wertlosen in das Allerwertvollste, wird der Müllerstochter in unserem Märchen abverlangt.

Im Grunde hat CARL GUSTAV JUNG (1875–1961) recht: Das Motiv der alchimistischen Gewinnung von Gold ist niemals nur rein äußerlich-materiell zu verstehen, es besitzt zumindest auch eine symbolische Innenseite – als Ausdruck der Verwandlung des alten in den neuen Menschen beim Prozeß geistiger Bewußtwerdung[31]. Um so wichtiger aber ist die Feststellung, daß in dem Märchen vom *Rumpelstilzchen* eine solche Symbolebene nicht existiert. Zu dem Wahnhaften des Versprechens, das der Müller dem König gibt, seine Tochter vermöge Stroh zu Gold zu spinnen, gehört gerade die falsche Wörtlichnahme, die Verdinglichung und Materialisierung einer Aussage, die nur rein metaphorisch Sinn machen könnte. Erst wenn man die vollkommene seelische Entäußerung und Entfremdung der Müllerstochter im Märchen vom *Rumpelstilzchen* sich möglichst klar vor Augen führt, begreift man – dann gerade im Gegenzug zu der ganz und gar unsymbolischen psychischen Entleerung! – die Symbolbedeutung des Bilds von dem Pakt mit dem Gnom, den dieses Mädchen aus reiner Verzweiflung eingeht.

Seit eh und je wirken all die moralischen Mahnungen und Vorhaltungen hilflos und oberflächlich, die von seiten der Kirchenleute geltend gemacht wurden, die eigene Seele nur ja nicht um materieller Vorteile willen dem »Bösen« zu verkaufen. Alle Dichter, die, wie WILHELM HAUFF (1802–1827) in seinem Märchen *Das kalte Herz*[32], von einem solchen Teufelsbündnis berichten, wissen nur allzu gut, daß nicht Böswilligkeit, sondern reine Not Menschen in die Hände des »Bösen«

treibt. Wohl gibt es Märchenhelden, die sich nicht scheuen, es wie *Bruder Lustig* (KHM 81) mit neun Teufeln gleichzeitig aufzunehmen, oder die so verschmitzt sind wie in der Geschichte *Der Bauer und der Teufel* (KHM 189), daß sie sogar den Herrn der Hölle zum Narren halten; doch Witz und Gewitztheit sind nicht die Sache der Müllerstochter im Märchen vom *Rumpelstilzchen*. Man kann nicht sagen, daß sie jenes kleine Männchen gerufen hätte, das da plötzlich vor ihr steht; es öffnet sich ihm einfach die Tür (ihres Herzens), weil sie *um ihr Leben keinen Rat* mehr weiß und weil *ihre Angst ... immer größer* ward, so daß *sie endlich zu weinen anfing*. Es sind einzig und allein ihre Hilflosigkeit und ihre Traurigkeit, die den Gnom als Retter in ihrer Not auf den Plan rufen. So wie bei nicht wenigen Menschen zu ihrer Verzweiflung sich der Geist aus der Flasche gesellt (ähnlich dem Märchen *Der Geist im Glas*, KHM 99), so tritt zu der armen Müllerstochter, die *gar nichts davon* verstand, *wie man Stroh zu Gold spinnen konnte*, unerbeten, doch höchst erwünscht, jenes »Männchen« in die Kammer und erweist sich als der gesuchte deus ex machina, als die »Gottheit«, die im Barocktheater zur Überraschung des Publikums in Szenen vollkommener Ausweglosigkeit über eine sinnreiche Bühnenmechanik vom Himmel auf die Erde herabgelassen wurde. Im Unterschied zum Alkoholismus aber, der einer suchtartigen Betäubung und Abstumpfung dient, verhilft der Gnom, der sich so trefflich auf das Goldspinnen versteht, der Müllerstochter nicht zu einem langsamen Verlöschen ihrer geistigen Kräfte, vielmehr entsteigt dieser Kobold selber auf dämonisch-nützliche Weise den Kräften des Unbewußten; was er bewirkt, ist gleichwohl eben deswegen nicht mehr und nicht weniger als eine Form suchtähnlicher Abhängigkeit.

Nie ist der »Pakt« mit dem »Teufel« (oder mit irgendeiner anderen unheimlichen Geistesmacht) das Ergebnis eines Entschlusses, der in Freiheit und mit Bewußtsein gefaßt worden wäre; kennzeichnend für Menschen, deren Leben mit diesem dämonischen Bilde zutreffend portraitiert werden kann, ist vielmehr die Unauffälligkeit, mit der sich ihre seelische Lage schleichend verändert, ist die allmählich in kleinsten Schritten sich langsam steigernde Selbstauslieferung, ist die Unreflektiertheit des ganzen Prozesses. Der Eintritt des »Männchens« ist nichts, was willentlich arrangiert und in seinen Folgen bewußt kalkuliert werden könnte; er ist etwas, das sich im Inneren der Seele einstellt als die (unfreiwillige) Folge, als der (unbezahlbare) Preis einer von außen wie innen erzwungenen Lebensführung.

Vom ersten Augenblick an ist der Müllerstochter klar, daß sie die Hilfsdienste des »Männchens« nicht gratis wird in Anspruch nehmen können. Wohl gibt sich der Gnom, kaum er die Tür öffnet, recht einfühlend und um Verständnis bemüht. Artig begrüßt er die Müllerstochter mit »*Guten Abend, Jungfer Müllerin*«, und er erkundigt sich aufmerksam: »*warum weint Sie so sehr?*« Bis hierher verkörpert das »Männchen« eine Art mitleidigen Gesprächs, das die Müllerstochter mit sich selber führt; dieses innere Gespräch versucht vollkommen richtig, den Gründen der Verzweiflung nachzugehen, allerdings so, daß es nicht die Bedingungen erforscht, unter denen die Krise entstanden ist, sondern nur so, daß es unter den gegebenen Bedingungen nach einer Möglichkeit Ausschau hält, das an sich Unmögliche doch noch zu erreichen: Wie, wenn man dem Anpassungsdruck der fremden ebenso wie der verinnerlichten Leistungsforderungen doch noch nachzukommen vermöchte? Wäre es nicht möglich, sich innerlich so weit zu verändern, daß man nach außen hin noch besser funktionierte? Zwar müßte man zu diesem Zweck ein Stück von der eigenen Persönlichkeit opfern; doch erzählt nicht das Jägerlatein von Füchsen, die, um weiterleben zu können, sich selber die Pfote abbeißen, mit der sie in ein Fangeisen geraten sind? Lieber auf drei Beinen hinkend als auf vier Beinen tot! Eine Leistungsnorm, auf deren Nichterreichen die Todesstrafe steht, ist jedes Einsatzes wert.

Genau für diese Abtretung ganzer Teile des eigenen Ich zur Erfüllung rabiater Forderungen nach Tüchtigkeit und Leistung steht die Gestalt des »Männchens«. »*Was gibst du mir, wenn ich dir's spinne?*« lautet seine Frage, in der sich die seelische Ausweglosigkeit der armen Müllerstochter verschärft ausspricht. Was bleibt ihr unter den gegebenen äußeren Bedingungen von fremder Erwartung und Ausbeutung sowie den gegebenen inneren Zwängen von Willfährigkeit und Anpassungsbereitschaft anderes übrig, als zu überlegen, worauf sie am ehesten Verzicht tun könnte? Und so kommt es jetzt Schlag auf Schlag.

»*Mein Halsband*«, erklärt sie als erstes, – verständlicherweise, denn ein künstliches Attribut ihrer natürlichen Schönheit scheint am ehesten zu verschmerzen. Und doch: sie beginnt mit diesem Verzicht auf den Reiz ihres Wesens unwiderruflich etwas einzubüßen. »Du siehst aber schlecht aus«, wird man einer gestreßten Frau auf der Arbeitsstelle zu verstehen geben. »Du solltest wieder mehr auf dich achten.« »Du bist ganz schön heruntergekommen. Wenn ich dran denke, wie du aussahst, als du hierherkamst...« So oder ähnlich werden die Redensarten hinter dem Rücken reihum gehen oder direkt ins Gesicht gesagt werden. Und die Zeit wird kommen, wo man selber diesem Urteil wird zustimmen müssen. Ein Blick in den Spiegel zeigt es so deutlich: die Ränder unter den Augen, der matt gewordene Blick, die glanzlosen Haare, die wie angeklebt herabhängen, der mürrische, freudlose Mund, – nein, so hat man nie aussehen wollen; man kann's eine Weile lang überschminken, aber das weiß man auch: Wenn es so weitergeht, wird diese Entwicklung schon bald nicht mehr rückgängig zu machen sein. An die Stelle der Schönheit wird die Erschöpfung sich ins Gesicht eingraben und unwiderruflich Spuren hinterlassen, an die Stelle einer mädchenhaften Ausstrahlung wird ein maskenhaftes Aussehen treten, an die Stelle der Fröhlichkeit von einst eine höfliche Freundlichkeit ohne innere Beteiligung. Der Schmuck, der dazu bestimmt war, den Hals (besser: das Herz) einer Frau zu zieren, ist bereits verpfändet an den Gnom. – Doch immerhin: man ist noch einmal davongekommen, so jedenfalls möchte man glauben. Nur: dieser Glaube trügt. In Wahrheit ist man nur tiefer in das Dilemma hineingeraten.

Es gehört zu der Wirkungsweise verinnerlichter Leistungsforderungen, daß man sie so gut und so vollständig erfüllen mag als überhaupt vorstellbar – es wird dafür niemals so etwas wie eine Belohnung geben, es wird sich dabei niemals so etwas einstellen wie ein Gefühl von Zufriedenheit; ausgeschlossen, daß das Empfinden einträte: Jetzt ist es genug. Im Gegenteil, es wird sein, als hätte man – wie es in einer deutschen Redewendung heißt – dem Affen noch Zucker gegeben. Je schwächer das Ich sich fühlt, desto stärker wird der Anspruch des Überich; je weniger Energie der eigenen Person zur Verfügung steht, desto weniger bleibt für die Besetzung der Ich-Grenzen[33]. Mit einem Wort: Reicht man dem Teufel den kleinen Finger, so nimmt er die ganze Hand. Das Überich ist eine Mechanik, die nur immer weiter die alte erlernte Unzufriedenheit zurückmelden wird: »Das hättest du aber besser machen können.« »Streng dich gefälligst an, daß es so bleibt.« »Da siehst du, du kannst es ja, wenn du nur willst.« Alle Standardsprüche der väterlichen (elterlichen) Bewertung und Kritik aus Kindertagen erhalten sich im Erwachsenenleben unverändert als Dreinrede und Verurteilung bei jeder Gelegenheit, und sie treiben zu dem Gefühl einer tiefen Resignation angesichts der nicht endenden Überforderung.

Und eben: in diesem Nicht-Endenden liegt das Suchtartige im Auftritt des »Männchens«. Je mehr man tut, je müder man wird, desto mehr wird verlangt, desto mehr wächst die Ausbeutung. Eine Weile lang mag man hoffen, die anderen wüßten, wo nicht mehr die eigene Schönheit, so doch den Wert des eigenen Tuns zu schätzen. Können die Hände nicht ansehnlich bleiben, wo der Schmuck des »Halses« verlorenging? Sie können es nicht! Als nächstes wird die Müllerstochter ihren *Fingerring* an den Gnom abtreten müssen. Bis in die Sprache der Physiologie hinein kann es so kommen: Wie viele Frauen leiden darunter, daß die ständige Überanstrengung, der sie sich ausgesetzt sehen, ihre Fingergelenke gichtig gemacht hat – bekannt sind psychosomatisch die Zusammenhänge zwischen Dauerstreß und Autoimmunerkrankungen[34] –; nicht wenige müssen sich buchstäblich von ihrem Fingerring trennen, da sie ihn nicht mehr über den Knöchel ziehen können, und natürlich wird ein solcher Vorgang erlebt wie ein endgültiger Abschied von aller Unbeschwertheit, von aller Jugend, von allem, was einmal Glück war oder verhieß.

Und es kann noch ärger kommen. Was jetzt folgt, ist eine Szenerie, von der man dringlich wünschen möchte, sie fände als Rückmeldung realer psychischer Erfahrungen gebührend Gehör in der Öffentlichkeit. Denn es geht um nichts mehr als um die Frage, inwieweit eine Frau nicht nur Mutter werden, sondern mütterlich bleiben kann, wenn sie unter die scheinbar ganz normalen Ansprüche des Berufslebens gerät; es geht darum, daß beim dritten Mal der Gnom der Müllerstochter das Versprechen abnimmt, ihm das Kind zu überlassen, das sie als erstes, wenn sie erst »Königin« ist, zur Welt bringen wird.

Daß eine Frau Berufstätigkeit und Muttersein gleichzeitig »verkraften« kann, gilt mittlerweile als ein viel und gern zitiertes Regierungsziel moderner Sozialpolitik. Gute Gründe sprechen dafür. Solange Männer das Geld verdienten, waren die Frauen wirtschaftlich von ihnen abhängig; sie waren erpreßbar: eine Scheidung kann eine Frau sich in aller Regel nicht leisten, die nicht selbst im Beruf steht und die eben deshalb auf den (zumeist äußerst gering bemessenen) »Unterhalt« ihres Ex-Gatten angewiesen ist. Eine Forderung aller Frauenrechtlerinnen lautet deshalb verständlicherweise, daß alle Berufe, die Männer ausüben, prinzipiell auch Frauen offenstehen müssen. Dieses Postulat klingt wirklich gut, nur daß sich dahinter seit rund vierzig Jahren in Deutschland etwas ganz anderes abspielt.

Nachdem man aus dem Grunde der Lohnkostensenkung bereits Millionen von »Gastarbeitern« aus dem Ausland für die Schwerindustrie und die Müllabfuhr rekrutiert hatte, griff man seit den 60er Jahren des vergangenen Jahrhunderts auf die Frauen als Billiglohnkräfte an den Fließbändern der Montagehallen zurück[35]. Um es klar zu sagen: Nicht aus Gründen der Gleichberechtigung wurden seit den 60er Jahren des vergangenen Jahrhunderts immer mehr Frauen in den Arbeitsprozeß »integriert«, sondern weil sie dieselben Arbeiten billiger verrichteten als die Männer. In einer dritten Welle der industriellen Entwicklung ist man im Zuge der Globalisierung gerade dabei, Arbeitskräfte nicht mehr in den minderprivilegierten Zonen der Gesellschaft anzuwerben, sondern gleich im Ausland und in den Ländern der Dritten Welt auf die Suche zu gehen; was aus den Arbeitslosen, was insbesondere aus den Frauen dabei wird, ist solange keine Frage der Kapitalverwertung, als deren Interessen volkswirtschaftlich nicht per Gesetz mit den sozialpolitischen Folgen unternehmerischen Verhaltens verknüpft werden. Bis dahin nimmt der Konkurrenzkampf auf dem Arbeits»markt« immer brutalere Formen an, und es kommt zu dem, was das Märchen vom *Rumpelstilzchen* auf erschütternde Weise beschreibt.

Folgt man den Elogen aus dem Wirtschafts- und Familienministerium, so malt sich in etwa das folgende Bild vom Alltag einer berufstätigen Mutter: Sie steht morgens um sechs Uhr auf, weckt um sieben

Uhr ihre ein bis zwei Kinder, welche die Bevölkerungsstatistiker ihr zuschreiben, und macht sie für Kindergarten und Schule fertig, damit sie selbst gegen acht Uhr ihre Arbeit aufnehmen und gegen sechzehn Uhr ihre Kinder abholen kann, froh, dieselben nun wieder in die Arme schließen zu können. Mit der größten Lust widmet sie sich jetzt ihrer pädagogisch so wertvollen erzieherischen Aufgabe: sie kontrolliert die Lernfortschritte ihrer Kleinen und fördert diese durch Fürsorge und Spiel nach Kräften; sie erledigt die alltäglich anfallenden Haushaltsarbeiten – Einkaufen, Putzen, Waschen, Bügeln, Kochen; ab einundzwanzig Uhr bildet sie sich durch Fernkurse, geeignete Lektüre oder durch Schulungen weiter, um dann, wofern verheiratet, sich kurz vor Mitternacht noch ihrem Mann zu widmen. Und so verfügt sie durch ihre berufliche Tätigkeit vor allem über die finanziellen Möglichkeiten, notwendige Hilfskräfte zu ihrer Entlastung zu bezahlen: die Lehrkräfte in der Hausaufgabenbetreuung, den Nachhilfelehrer, wenn etwas schiefläuft, eine Putzfrau, die zweimal die Woche das Gröbste erledigt, – kurz, es steht zu überlegen, ob das mühsam verdiente Geld nicht am Ende nur dazu dient, von anderen die Arbeiten verrichten zu lassen, die man ohne Berufstätigkeit gut und gern auch selbst hätte übernehmen können.

Wir sehen einmal davon ab, was immer mehr Kinder unter der administrativen Organisation der Familien und deren kapitalinteressengelenkten Zerschlagung derzeit mitzumachen haben, – immerhin haben Psychoanalytiker vor 100 Jahren schon auf den schicksalbestimmenden Einfluß der ersten fünf Lebensjahre in der Psychogenese hingewiesen, und ihre Intuitionen finden soeben eine machtvolle Bestätigung durch eine Fülle neurologischer Forschungsergebnisse über die Entwicklung des kindlichen Gehirns[36]; fragen wir nur danach, wie eine Frau unter dem Leistungsdruck von acht Stunden Berufsarbeit täglich sich seelisch verändern wird, und wir werden ganz gut begreifen, von welch einer Gefahr das Märchen vom *Rumpelstilzchen* in dem Bild von dem Kinderdiebstahl des Gnoms eigentlich spricht.

Daß einer Mutter durch eine unerklärbare geistige Macht ihre Kinder geraubt werden, ist ein in Märchen nicht ungewohntes Motiv. So erzählt das Märchen vom *Marienkind* (KHM 3)[37], wie die Jungfrau Maria dreimal vom Himmel kommt und ihrem ehemaligen Pflegekind – zur Strafe für sein mangelndes Eingeständnis einer (sexuellen) Gebotsübertretung – die neugeborenen Kinder entführt: Solange das Ideal der Madonna, mithin der sexuellen Jungfräulichkeit, maßgebend ist, kann eine Frau zu ihren Kindern kein natürliches Verhältnis gewinnen, vielmehr wird das eigene Mutterbild an jeder Stelle störend und trennend dazwischentreten – so die Botschaft dieses Märchens mit der Thematik eines ausgedehnten Mutterkomplexes. Für eine Frau wie die Müllerstochter im Märchen vom *Rumpelstilzchen* muß sich entsprechend die innere *Abhängigkeit von ihrem Vater* äußerst hinderlich auf die Beziehung zu einem Kind auswirken, und insbesondere bei ihrem ersten Kind wird diese Behinderung zum Ausdruck kommen.

Jeder Erwachsene reagiert auf Kinder zunächst so, wie er es selber erlebt hat, als er ein Kind war. Eine Frau, die so total von ihrem Vater in Anspruch genommen wurde und die zudem noch gänzlich unter dem Diktat der väterlichen Nachfolgeperson in Gestalt ihres Mannes steht wie die »Müllerstochter«, kann unmöglich in ein freies und selbstbestimmtes Verhältnis zu ihrem Kind treten; unvermeidbar wird sie vielmehr all die Zwänge und Schuldgefühle an ihr Neugeborenes weitergeben, in denen sie selber aufgewachsen ist. Ohne es zu merken, unbewußt, wird sie die Wunschäußerungen ihres Kleinen genauso unterdrücken, wie sie ihr selber als unangemessenes Betragen von ihrem Vater in Kindertagen ausgetrieben wurden; mit der gleichen Strenge, mit der sie selber erzogen wurde, wird sie jeden Widerspruch ihres Kindes niederkämpfen; kurz, das Bild des Vaters – beziehungsweise die Schreckgestalt des »Königs« – wird ihr ein Verhalten abverlangen, das wohl der vollkommenen Übereinstimmung mit den vorgesetzten Normen, keinesfalls aber dem Wohl ihres Kindes entspricht. Wenn wir bereits den Vater als einen narzißtisch Gefangenen beschreiben mußten, so bleibt es uns jetzt nicht erspart, auf den Narzißmus des Überich hinzuweisen, innerhalb dessen sich die Beziehung der Müllerstochter zu ihrem Kinde entwickeln wird.

Vor Jahren schon haben Verhaltensforscher darauf aufmerksam gemacht, daß Primaten, die in Zoologischen Gärten zur Welt kamen, sich nicht selten außerstande zeigten, vor dem Hintergrund ihrer eigenen kindlichen Mangelerfahrungen ihre Kinder großzuziehen. Die extrem quälerischen Versuche, die vor rund 50 Jahren HARRY FREDERICK HARLOW mit Affen durchführte, indem er sie in völliger Isolation aufwachsen ließ, bestätigen diese Aussagen geradewegs dramatisch: HARLOWS Affenmütter, die er durch mechanische Begattungsmaschinen geschwängert hatte, weigerten sich, ihre Neugeborenen zu akzeptieren, vielmehr rieben sie deren Gesichter über den Boden ihres Käfigs und taten alles, ihnen die nötige Zuwendung zu verwehren[38]. Die Mutterlosigkeit, in welcher wir die Müllerstochter antrafen, wird allein schon eine sinnvolle Vorbereitung auf die eigene Mutterrolle in ähnlicher Weise nachhaltig verhindert haben.

Doch womit wir es in dem Märchen vom *Rumpelstilzchen* speziell zu tun haben, ist das Problem, wie eine Frau, die nur zu arbeiten gelernt hat, eine Mutter werden kann, die ihr Kind nicht an das »Männchen«, an ihren *Schatten*, verliert. Mit »Schatten« wird in der Diktion der Komplexen Psychologie CARL GUSTAV JUNGS der Bereich des persönlichen Unbewußten bezeichnet, – all das also, was als gefährlich oder als unbrauchbar im eigenen Erleben verdrängt werden mußte[39]. Eine Frau etwa, die niemals so etwas Unnützes tun durfte, wie mit sich allein im Garten oder mit den Nachbarskindern auf der Straße zu spielen, wird sich sehr schwertun, ihrem Kinde den Raum eines spielerischen Einübens neuer Lernerfahrungen zu gewähren; – sie wird »nicht über ihren Schatten springen« können, sie wird den Zwang zu Leistung und Erfolg, sie wird die Unterdrückung der Freude, unter der sie selber als Kind schon gelitten hat, unweigerlich an das eigene Kind weitergeben. Im Falle der Müllerstochter nun verschlimmern sich alle Zwänge der Kindheit dadurch, daß die Forderungen des »Königs« (als des Vater-Nachfolgers) die Mechanik uralter Schuldgefühle und Versagensängste aus Kindertagen auch im Erwachsenenleben noch weiter antreiben.

Und selbst unabhängig davon muß man sich fragen, wie eine Frau, die in einem Berufsklima von Dauerstreß und Überforderung alles verliert, was ihr einmal lieb war und was sie selbst liebenswert machte – ihre Schönheit, ihre Fröhlichkeit, ihre Emotionalität, ihre Weiblichkeit –, nun als Mutter sich anders betrachten soll denn als Funktionärin zusätzlicher Pflichten. Mehr als die Hälfte ihres bewußten Lebens am Tage hat sie an ihrer »Dienststelle« damit zu verbringen, sich auf einen effizienten Arbeitsablauf zu konzentrieren und zu disziplinieren; woher sollen ihr da die Geduld, die Unbekümmertheit, die Sorglosigkeit, die Freudigkeit werden, die ein Kind braucht, um einigermaßen leichten Sinns in die Welt hineinzuwachsen? Die Gefahr liegt überaus nahe, daß eine solche Frau ihr Kind an die Komplexbildungen und Gehemmtheiten der eigenen Psyche verlieren wird; und es werden genau die seelischen Teile sein, die sie selber verdrängen und abtrennen mußte, die nun sich trennend zwischen sie und ihr Kind schieben werden. Diese Gefahr, meint das Märchen vom *Rumpelstilzchen*, ist sogar so groß, daß die Müllerstochter ihr Dienstverhältnis bei jenem »König« überhaupt nur aufnehmen kann, wenn sie gelobt, auf ihr Kind zu *verzichten*. – »Sie müssen aber dafür sorgen, daß ihr Kind versorgt ist, sonst kann ich Sie nicht anstellen«, erklärte im Jahre 2005 ein an sich gutmütiger Arbeitgeber einer alleinerziehenden Mutter, die er ihrer Attraktivität und Tüchtigkeit wegen gerne genommen hätte; nur für die Erziehung ihres Kindes sollte jemand anderer – ihre eigene Mutter – geradestehen. Krasser könnte die Aktualität eines alten GRIMMschen Märchens bei der Darstellung des unmenschlichen Zwiespalts zwischen einer ausbeuterischen Tätigkeit im »Beruf« und der Berufung zur Mutter schwerlich in Erscheinung treten.

Rein innerpsychisch besitzt der »Zwerg« allerdings womöglich noch eine weitere Bedeutung. »FREUDianisch« gelesen, läßt sich bei dem Gnom, der am Feuer hüpft und das Kind der »Königin« zu holen beabsichtigt, auch an all die neurotischen Ängste denken, die ein Mädchen wie die »Müllerstochter« bei seiner Suche nach der Liebe eines Mannes, der den eigenen Vater ersetzen soll, belasten werden. Da sind nicht nur die »ödipalen« Übertragungen: man fühlt sich einem derart übermächtigen »Königsgatten« durchaus nicht gewachsen; es geht vor allem um eine tiefgreifende Irritation in der eigenen Identität als Frau: wer ist man eigentlich noch, wenn alle weiblichen Seiten in beschriebener Weise zugunsten bestimmter Forderungen nach produktiver Leistungsfähigkeit nivelliert und neutralisiert wurden? Für FREUD drückte sich der Wille – beziehungsweise der Zwang – zu männlicher Leistung in dem Wunsch nach dem Besitz eines männlichen Gliedes aus, und in der Tat kann der ständige Druck zu Perfektion und Tüchtigkeit sich bis zum Psychotischen in entsprechenden Phantasievorstellungen und Obsessionen äußern, für die der »Zwerg« als Symbol dienen mag, – in der Vorstellung etwa, in einen Mann verwandelt zu werden und einen (übergroßen) Penis bekommen zu haben[40].

So fürchtete eine Frau, die seit Kindertagen unter den extrem einseitigen Leistungsforderungen ihres Vaters gelitten hatte, sich vor inneren Bildern und Gefühlen, die ihr fast wie reale Sinneseindrücke von außen aufgenötigt schienen: es wachse ihr ein Phallus von solcher Ausdehnung, daß er unter der Kleidung gar nicht mehr zu verbergen sei, oder ihr werde beim Autofahren der Mittelstreifen auf der Autobahn als ein weibliches Genitale präsentiert, das sie mit ihrem Verkehrsmittel penetriere, oder es lege sich ihr Penis in Riesengröße vor ihr quer über den Tisch... Eine »Heilung« von derart wahnhaft anmutenden, äußerst quälenden Ideen kann nur erfolgen, wenn der Leistungszwang einer solchen Frau insgesamt sich verringert – wenn, in der Sprache FREUDS, der »Peniswunsch« sich in einen »normalen« Kinderwunsch umformt; doch warum sollte eine »Müllerstochter«, die gerade dabei ist, mit Hilfe des Zwergs eine »Königin« zu werden, an ihrem scheinbar so zielführenden Lebenskonzept etwas ändern? Solange es irgend geht, wird sie versucht sein, dem einmal eingeschlagenen Weg zu folgen; und doch wird nicht nur in den Brechungen neurotischer Symptombildungen das krankhaft Verzerrte einer derart zum Unleben gezwungenen Persönlichkeit sich zeigen.

»wenn du ... meinen Namen weißt«

Wie der Kontrakt mit dem Schatten wirkt, gibt sich erst allmählich zu erkennen, als es soweit ist: Mit ihrer Goldspinnerei hat es die arme Müllerstochter wirklich dahin gebracht, zur »Königin« aufzusteigen. Sie befindet sich in gewissem Sinne am Ziel ihrer Träume; sie hat alles erreicht, und von außen betrachtet müßte man sie für einen beneidenswert glücklichen Menschen halten. Nur wir, denen uns in der Sprache eines Märchens die Innenseite des Erlebens mitgeteilt wurde, wissen, wie anders in Wahrheit es sich verhält: Nicht eigenes Wünschen und Wollen bestimmten den Aufstieg der Müllerstochter zur »Königin«, sondern schlimme Ängste, Minderwertigkeitsgefühle, Überforderungen und Resignationen. Auch der Triumph jetzt ist nichts, was dem eigenen Ich gutgeschrieben werden könnte, sondern bedeutet einen reinen Sieg des Überich; keinerlei eigene Wertschätzung oder persönliche Zurechnung des Erreichten läßt sich damit verbinden. Im Gegenteil, es kann jemand nach außen hin alles »richtig« machen und macht eben deshalb alles »falsch«; denn er lebt nicht selber, – er läßt sich leben; er hat überlebt, – das ist alles; er ist dem Schlimmsten gerad noch entronnen, indem er ein Maximum an Außenanpassung durch Selbstverzicht leistete. Unverändert existiert er in einer Welt ohne Liebe, ohne Freude, ohne Hoffnung; denn sogar die nächste Zukunft, das eigene Kind, ist längst schon veräußert, noch eh es zur Welt kommt. Diese »Königin« ist mehr denn je, was sie all die Zeit über war: eine Getriebene, Unfreie, Ausgelieferte, sich selber Entfremdete – eine Sklavin nach innen wie nach außen. Nur: wer nimmt diese Wirklichkeit wahr?

Sie selber ahnt sie, doch verbirgt sie ihr Wissen vor aller Augen. Der Auftritt des »Männchens« bleibt ihr Geheimnis. Im Grunde weiß sie, daß sie alle ringsum belügt, daß sie gar nicht die ist, für die man sie hält, daß sie allen eine Fertigkeit vorspielt, die sie gar nicht besitzt. Jedes Lob verleiht deshalb nur den alten Selbstzweifeln Nahrung. Ein goldener Käfig hat sich geschlossen um ein gefangenes Vögelchen, dessen Stimme so kläglich erklingt, daß es niemand vernimmt. Vor allem: es besteht ein unerbittlicher innerer wie äußerer Zwang, an diesem Zustand nur ja nichts mehr zu ändern. Alles hat als in Ordnung zu gelten. Man hat allen Grund, zufrieden und dankbar zu tun. Man hat doch alles... Die Lebenslüge des Vaters ist zu einer verlogenen Lebensgrundlage der Tochter geworden. Beim besten Willen ist nicht zu sehen, wie sich für eine solche Müllerstochter-Königin ein Weg in die Freiheit auftun könnte. Dafür fehlt jede innere Erlaubnis. Man kann darauf setzen, daß irgendwann die Energiebilanz kollabiert – ein Burn-out-Syndrom als Erlösung; doch darauf zu warten ist ein gefährliches Spiel. Zum Glück gibt es doch einen Ausweg, einen einzigen, und gerade ihn wird die »Königin« gehen.

Immer mal wieder trifft man auf einen bestimmten Typ von Patienten, die eine psychotherapeutische Konsultation in Anspruch nehmen einzig aus dem Gefühl der Verantwortung heraus. Ihr Wunsch ist es nicht, im eigenen Leben glücklicher oder freier zu werden, was sie möchten, ist eine noch bessere Wahrnehmung ihrer Pflichterfüllung, und dabei soll ihnen ein passender Rat auf die Sprünge helfen. Im Grunde erstreben sie eine noch vollkommenere Erfüllung ihrer Überich-Dressate, und sie tun sich sehr schwer zu begreifen, daß gerade dies kein Ziel einer psychoanalytischen Intervention sein kann, da auf diese Weise der bestehende Konflikt nicht gelöst, nur verstärkt würde.

Die auslösende Situation für viele Frauen dieses Typs, um Hilfe nachzusuchen, ergibt sich aus Schwierigkeiten bei der Erziehung ihrer Kinder. Sie tun alles mögliche, sie geben ihr Bestes, und doch haben sie das Empfinden, an ihren Jungen, an ihr Mädchen nicht wirklich heranzukommen, so als verhindere eine unsichtbare Trennwand jeden gefühlsmäßig intensiven Kontakt; und zu ihrem Leidwesen müssen sie beobachten, wie ihr Kind immer unzugänglicher wird. Irgendwie wirkt es unglücklich; aber warum? – »Irgend etwas mache ich falsch, aber ich weiß nicht, was«, klagte eine Mutter. »Ich möchte nicht, daß mein Kind unter mir leidet, aber das tut es. Sagen Sie mir, was ich tun soll.« – Das Problem dieser Frau lag bereits in ihrer Frage: Es mangelte ihr nicht an gutem Willen; sie war bestrebt, alles richtig zu machen; aber »richtig« – das war für sie etwas von außen Befohlenes, etwas lehrbuchmäßig Festgeschriebenes, etwas als garantiert wirksam Verordnetes. »Was soll ich tun?« hieß soviel wie: »Ich habe niemals gelernt, meinem eigenen Urteil zu trauen. Was ich selber fühlte und dachte, stand stets, schon weil ich selber es fühlte und dachte, unter dem Vorwurf des Falschen, des Eigenmächtigen und Eigensinnigen. Und eigensinnig und eigensüchtig wollte ich natürlich nie werden.«

Es lag eine gewisse Tragik darin, daß diese Frau mit all ihrer Mustergültigkeit auf ein Problem stieß, das mit noch mehr Sorgfalt und mit noch mehr Sorgen gewiß nicht zu lösen war, indem es gerade von ihrer Ängstlichkeit, von ihrer Scheinsicherheit, von der Doppelbödigkeit ihres Wesens zwischen »Müllerstochter« und »Königin«, zwischen »Goldspinnerin« und Homunculus (»Männchen«) allererst geschaffen wurde. Wie sollte sie ein Kind großziehen, wenn sie ihr eigenes Kindsein unterdrückte? Wie sollte sie jemanden ins Leben begleiten, wenn sie selber nicht lebte? Wie sollte sie andere glücklich machen, wenn sie selber ihr eigenes Unglück bestenfalls hinter einem artig-freundlichen Lächeln versteckte? Natürlich war es unmöglich, daß sie ihrem Kind plötzlich echte Gefühle hätte entgegenbringen können, nachdem sie all die Jahre über ihre Gefühle unter einer festen Decke von Selbstkontrolle und Selbstbeherrschung hatte begraben müssen. Natürlich fand sie zu ihrem Kind keinen Zugang, wo ihr vor Jahr und Tag schon der Schlüssel zu ihrem eigenen Herzen abhanden gekommen war. Natürlich blockierte sie jede spontane Entfaltung ihres Kindes mit ihren eigenen Blockaden. Das Paradox ergab sich, daß diese Frau aus lauter Verantwortung im Begriff stand, an einer entscheidenden Stelle ihrer Zuständigkeit tatsächlich zu versagen. All die Strategien, mit denen sie im Berufsleben so erfolgreich und geachtet war, erwiesen sich als hinderlich, ja, schädlich im Umgang mit etwas Lebendigem, im Umgang mit ihrem eigenen Kind. Aus lauter Verantwortung mußte sie lernen, das Prinzip der Verantwortung in der bisherigen Form selber in Frage zu stellen.

Es begann eine Phase, in der diese Frau genauso fühlte und hätte handeln mögen wie die Müllerstochter-Königin im Märchen vom *Rumpelstilzchen* an dieser Stelle. Deutlich spürte sie, wie ihr Kind sich ihr entfremdete, als wäre ihre Beziehung zu diesem ihr liebsten Wesen auf Erden »verhext«, als regte sich da eine Gegenmacht, die von ihr selbst ausging und auf die sie doch keinen Einfluß hatte. Alles, was sie sonst tat, der allgemeine Respekt, mit dem man am Arbeitsplatz zu ihr aufschaute, galt ihr jetzt als wertlos, die Positionen, um die sie so hart gekämpft hatte, erschienen ihr wie nebensächlich. »Es stimmt ja doch alles nicht«, klagte sie, und daran, zweifellos, war etwas Richtiges. Am liebsten hätte sie alles fortgeworfen und ein ganz neues Leben begonnen, so wie in dem Märchen vom *Rumpelstilzchen* die »Königin« *dem Männchen alle Reichtümer des Königreichs* gern überlassen würde, ließe ihr der Gnom nur ihr *schönes Kind*. Doch der Kobold wäre nicht ein Teil ihrer selbst, ein Sprachrohr dessen, was ihr selbst abgeht, wenn er nicht darauf beharren würde: »*etwas Lebendes ist mir lieber als alle*

Schätze der Welt.« Ein stärkerer Kontrast zu der bisherigen nur dem Toten, dem »Goldspinnen« gewidmeten Lebenseinstellung der »Königin« ist in der Tat nicht vorstellbar. An dieser Stelle müßte nun wirklich das Nachdenken einsetzen. Doch was nach Darstellung des Märchens zunächst anhebt, ist ein endloses Weinen, – die hereinbrechende Traurigkeit eines ganzen ungelebten Lebens. Gleichwohl kann man und muß man, biblisch beinahe, ganz wie in den Worten aus Lk 6,21, die »Königin« glücklich preisen für diese ihre Tränen.

Für gewöhnlich gelten Depressionen in unserer Gesellschaft als etwas Negatives, weil Leistunghemmendes, Undynamisches, irgendwie krankhaft Selbstbezogenes, das man mit allen Mitteln vermeiden sollte; und zu diesem Zweck steht denn inzwischen auch eine ganze Frohmacherindustrie einschaltbereit rund um die Uhr zur Verfügung. Alles, was da versucht wird, ist Ablenkung, Selbstbetäubung, Wegsehen. In Wirklichkeit aber liegt die Bedeutung so mancher depressiver Phasen gerade darin, sich selbst genauer, ja, überhaupt womöglich zum ersten Mal richtig wahrzunehmen[41]. Es ist so ähnlich, wie wenn ein Kind zu schreien beginnt: Die Welt ringsum kann noch so schön sein, man muß den Grund für das lautstarke Weinen herausfinden, sonst hört es nicht auf; versucht man, es zu unterdrücken oder wegzuverbieten, wird das Geschrei sich rasch steigern und zu einem trotzig-wütenden Brüllen geraten. Bei jedem Weinen, in aller Traurigkeit meldet solch ein Kind in uns sich zu Wort; und es möchte, daß wir seine Sprache erlernen. Was verursacht die Traurigkeit? Die Depression verschafft der Müllerstochter-Königin zumindest einen Aufschub: noch hat sie ihr Kind nicht gänzlich verloren. Ja, es ist sogar möglich, daß sie es behalten darf, denn das *»Männchen«* hat Mitleid mit ihr: Wenn sie seinen Namen errät, wird das neugeborene schöne Kind ihr gehören.

Mit Vorliebe ist dieses Motiv des Märchens als ein Beispiel für Herrschaftsausübung durch Magie oder Wissen verstanden worden[42]. Wer etwas kennt, der kann es beherrschen; wer etwas weiß, gewinnt Macht darüber. Wir lernen einen neuen Zusammenhang in der Natur kennen, und augenblicklich getrauen wir uns, ihn technisch zu nutzen und auf ein bestimmtes lukratives Ziel hin zu manipulieren. Auch jene Frau, die ihre naturgegebene Schönheit in Leistungszwänge entfremdet fand, begann auf der Suche nach sich selbst mit dieser Einstellung: Es müßte doch irgendwo eine kausale Erklärung ihres Zustandes geben, und dann müßte es gangbar sein, dieses Wissen praktisch umzusetzen. Ganz wie in dem Märchen vom *Rumpelstilzchen* begann ein uferloses Rätselraten und Hypothesenschmieden. Was auch immer die Frau jemals über die Seele von Menschen gehört oder gelesen hatte, brachte sie in Anschlag und probierte es durch, so als müßte die Lösung ihrer Lebensrätsel auf irgendeiner Lexikonseite fertig aufgeschrieben stehen. Würden sich zum Beispiel nicht in der Religion gewisse Hinweise finden lassen? Sie versuchte es nicht gerade mit den drei Weisen aus dem Morgenlande, mit *Kaspar, Melchior, Balzer*, wie in unserem Märchen; doch wie würde es sein, wenn sie mehr betete oder öfter mal wieder die Kirche besuchte oder dem Pfarrer eine Kirchenbank stiftete? Es dauerte eine ganze Weile, bis sie feststellen mußte, daß sie auf diese Weise nicht weiterkam. Wie aber, wenn vermehrte Frömmigkeit wirkungslos blieb, wäre es mit höchst unfrommen, aggressiven Verlautbarungen – wie *Rippenbiest oder Hammelswade oder Schnürbein*?

Tatsächlich wird in dieser Situation die Versuchung sich nahelegen, der Raterei einer solchen »Königin« mit eigenen Vorschlägen therapeutisch zur Seite zu springen. Ein »Seelsorger« wird es womöglich begrüßen, wenn er von einer Rückbesinnung auf das Göttliche hört; ein Psychotherapeut, der gelernt hat, daß Depressionen ihren Grund in der Wendung von Aggressionen gegen das eigene Ich besitzen, wird mit Erleichterung vernehmen, daß sich im Munde der »Königin« mitmal Schimpfworte und Schmähungen finden, und er wird geneigt sein, seiner Patientin Mut zu machen, verstärkt nunmehr ihren Unmut zu äußern. Doch auch so wird es nicht gehen. Mit einem solchen Beistand würde man nur in die Falle der eigenen Abhängigkeit tappen, nach welcher in den Augen einer solchen »Königin« richtig nur sein soll, was andere, in diesem Falle der Therapeut als Vaternachfolger, sagen. Es braucht die Geduld und die Zeit, die Erwartungsphase der raschen Lösungen, der magischen Namengebungen, der Verwendung der richtigen Formeln durchzustehen, bis etwas eintritt, das keinen neuen »Namen« mehr liefert, dafür aber einer wirklichen Entdeckung Raum gibt.

Im Märchen vom *Rumpelstilzchen* schickt die Königin *einen Boten über Land, der sollte sich erkundigen weit und breit, was es sonst noch für Namen gäbe.* Und so kommt er am dritten Tage zurück und berichtet, daß er an einem *hohen Berg um die Waldecke..., wo Fuchs und Has sich gute Nacht sagen,* ... *ein kleines Haus* gesehen habe, vor dem ein Feuer brannte, *und um das Feuer* sei *ein gar zu lächerliches Männchen* ... *auf einem Bein* gehüpft und habe geschrieen:

»*Heute back ich, morgen brau ich,
übermorgen hol ich der Königin ihr Kind;
ach, wie gut ist, daß niemand weiß,
daß ich Rumpelstilzchen heiß!*«

Mit diesem Lied ist nicht wenigen Märchenforschern die Idee gekommen, einen geheimnisvollen, besonderen Sinn in dem Namen des Gnoms zu ermitteln[43]. Doch auch eine solche literarhistorische Namensmagie hilft nicht wirklich weiter. Viel wichtiger als der Name des Kobolds ist die Tatsache, daß es mit noch so viel Nachdenken und Scharfsinn durchaus nicht möglich ist, herauszufinden, wie er heißt. Nicht noch mehr Wissen, nur ein Stück Weisheit führt ans Ziel, wenn es um »Lebendiges« geht, wenn es um Selbsterkenntnis zu tun ist. Der Name des Gnoms läßt sich nicht »erraten«, nur erlauschen. Einzig die Bereitschaft, auf sich selber zu hören und der Botschaft der eigenen Not – der Lächerlichkeit all der bisherigen Bemühungen, des »einbeinigen«, einseitigen Herumgehüpfes – inne zu werden und sich mit der wesentlichen Gefahrenquelle des drohenden Kindesverlustes zu konfrontieren, wird geeignet sein, den Spuk zu beenden.

Wie das im einzelnen vor sich geht, erzählt das Märchen nicht eigentlich mehr, es deutet's nur, wenn man seiner Symbolsprache folgt. Da ist in der Seele der »Königin« eine Gegenwelt entstanden, verkörpert in der eigenen gestohlenen Kindheit, in einer zu klein gebliebenen, stets als jämmerlich abgelehnten Zerr- und Zwergform des Menschseins, und diese Wichtelausgabe der eigenen Person steht nun bereit, das eigene Kind zu stehlen. Das Märchen erzählt, daß die Raterei um den richtigen Namen des Gnoms sich noch eine Weile lang fortgesetzt habe, dann aber, als das »Männlein« sich zutreffend angeredet hörte, habe es, schreiend: »*Das hat dir der Teufel gesagt*«, *mit dem rechten Fuß vor Zorn so tief in die Erde* gestoßen, *daß es bis an den Leib* hineingefahren sei, dann habe es *in seiner Wut den linken Fuß mit beiden Händen gepackt und sich selbst mitten entzwei* gerissen[44].

Mit dieser Aussage wird unstreitig klar, daß das »Männlein« keinesfalls selber der »Teufel« ist[45]; doch zum Verständnis der Geschichte genügt es wiederum nicht, diese Tatsache lediglich zu konstatieren – und fertig. Ganz entscheidend ist es vielmehr, den furchtbaren Vorwurf, den der Gnom erhebt, recht zu begreifen. Jetzt, da die »Königin« beginnt, ihr wahres Problem: die Tragödie ihres entfremdeten Lebens, kennenzulernen, muß sie den Vorwurf über sich ergehen lassen, es mit dem Teufel zu halten! Jetzt, da sie dabei ist, ihr eigenes Kind, ihre eigene Kindheit zurückzugewinnen, ist es, als stünde sie selbst mit dem Bösen im Bunde! Perverser kann es kaum angehen. Doch wie sollte es anders sein? Was in der jungen Frau stattfindet, ist nicht mehr und nicht weniger als eine Umwertung ihres ganzen bisherigen Daseins. All die Inhalte und Haltungen, die bislang buchstäblich für sie »verteufelt« waren, erweisen sich fortan als Ich-zugehörig, als Teile des eigenen Selbst, als keineswegs nur »lächerlich«, »mickerig«, »unsinnig«, »unbrauchbar«, »verächtlich« usw. Es wird endlich integrierbar, was bis dahin allenfalls ein abseitiges, hinterwäldlerisches Sonderleben führte. Der Gnom bringt sich selbst zum Verschwinden, wenn sie selber nur erst begreift, wie seine Macht zustande kam. Selbst die Wutausbrüche und Vorwürfe, die er der »Königin« entgegenschleudert, haben keinen Einfluß mehr; es sind die letzten Zuckungen eines ersterbenden Komplexes.

Allzu harmlos allerdings sollte man das Sich-selbst-in-den-Boden-Stampfen des Kobolds nicht nehmen. Wohl, der Gnom tanzt der »Königin« nicht mehr auf der Nase herum; doch der Vorwurf, den er herausschreit, die »Königin« tue etwas Teuflisches, wenn sie selber zu leben beginne, will erst einmal durchgestanden sein. Eine gewisse Erleichterung liegt dabei in der Tatsache, daß man von dem Vater der Müllerstochter jetzt so wenig mehr hört wie von ihrem Königsgemahl: – mit dem Untergang des Rumpelstilzchens verschwinden bezeichnenderweise auch sie; denn es sind im Grunde ihre Stimmen, die ein letztes Mal noch in den Verwünschungen des Kobolds erklingen; es sind ihre Vorhaltungen, Verbote und Drohungen, die sich in ihm zu Wort melden; und ein Großteil der inneren Befreiung der »Müllerstochter« von einst, der »Königin« jetzt, besteht bereits darin, daß sie es so zu sehen vermag: Alle Vorwürfe, derentwegen sie sich wie in die Hölle versetzt finden mußte, werden »nur noch« herausgeschleudert von einem lachhaften Gnom, der in seiner maßlosen Wut dabei ist, sich selbst zu zerstören. Ihm wird damit gerade das Schicksal zuteil, das ansonsten der »Königin« vorbehalten gewesen wäre.

Das Umgekehrte freilich gilt auch, und es ist womöglich noch schwieriger zu erlernen: Kaum lockert sich die Verdrängungsdecke der alten Vorwürfe und Verurteilungen, regt sich unvermeidlich im Herzen einer solchen »Königin« eine Fülle uralter Widerworte und Widersprüche. Wie oft hätte man als Kind, als Mädchen bereits dem Vater sich widersetzen mögen! Wie oft hätte man ihm sagen wollen, daß er bitteres Unrecht verübt hat mit seinen ständigen Forderungen und Zwängen! Damals war es unmöglich, an derlei Aufsässigkeiten auch nur zu denken; jetzt aber tritt an die Stelle uralter Fügsamkeit das Gefühl einer neu erwachenden Stärke; ein Bedürfnis nach Abrechnung, nach Heimzahlung, nach Vergeltung gar für all die erlittene Pein drängt sich vor; und ist's dann nicht wirklich eine Zeitlang so, als hätte all diese Gedanken einem *der Teufel gesagt*? Wie äußert man Ärger und Unmut, ohne einem anderen neuerlich unrecht zu tun? Wie formuliert man ein Nein, das den anderen nicht vernichtet, wie grenzt man sich ab, ohne sich »egoistisch« und »grausam« zu geben? Wie definiert man selbst den Bereich eigener Zuständigkeit und Verantwortung, ohne sich selbst als verantwortungslos schelten zu müssen? Wie sagt man Worte wie »Rippenbiest« oder »Hammelswade« oder »Schnürbein«, die eigentlich Schimpfworte und Beleidigungen sind, in einer Art, die humorvoll genug ist, um nicht weh zu tun?[46] – »Ich muß«, sagte eine Frau einmal in vergleichbarer Lage, »wohl die ›Fauchigkeit‹ lernen«, und ballte dabei die Hände zu einer leicht geschlossenen Faust. Sie hatte es niemals lernen dürfen, »aggressiv« zu sein, und sie hatte große Angst davor; aber sie wußte zugleich, daß sie nicht »böse« war, wenn sie ihre Kindheit ebenso wie ihre Umgebung gerechter zu betrachten und zu bewerten begann. »Wenn Sie sich mit Ihren eigenen Anliegen zu Wort melden«, einigten wir uns, »so ist das so wenig schlimm, wie wenn des Abends die Vögel in den Zweigen der Bäume zu singen anfangen: Sie verletzen niemanden damit; sie markieren nur den Platz, an dem sie, wenn die Nacht kommt, in Ruhe gelassen werden möchten. Sie müssen nicht fürchten, lästig zu sein; ihr Gesang erklingt wunderschön. Was wir ›Aggression‹ nennen, dient als erstes dem Versuch, sich bemerkbar zu machen.«

Daß die »Königin« im Märchen vom *Rumpelstilzchen* diese Umkehrung ihrer gesamten bisherigen Lebensanlage durchzustehen vermag, liegt an dem Verantwortungsgefühl für ihr Kind: da ist etwas Lebendes, das es ebenso vor der veräußerlichenden wie der verinnerlichten Welt eines tödlichen Nützlichkeits- und Verwertungsdenkens zu retten gilt. Doch was diese Frau dabei gewinnt, ist nicht nur ihr Kind, es ist wesentlich eine neue Form der Zuständigkeit für sich selbst. Was sie lernt, ist dies: Es macht einen Menschen glücklich, von innen her für einen anderen da zu sein; doch ein Verantwortungsgefühl nur angezwungenermaßen – das ist zerstörerisch. Man kann nicht glücklich sein wollen für andere. Man muß es auch selber sein dürfen. Und diese Erlaubnis zu sich selbst, diese »Entteufelung« des Willens, selber zu sein, diese Reduktion einer maßlosen Verantwortung aus Verantwortung macht die »Müllerstochter« jetzt erst wirklich zu dem, was sie – für ihren Vater – immer schon sein sollte: eine »Königin«, ein Souverän im eignen Leben, ein selbstbestimmtes Individuum – ein freier, froher, ein glücklicher Mensch.

Da ist ein kleines, im ganzen deutschen Sprachraum allgemein bekanntes Märchen, das man üblicherweise den Kindern erzählt; doch recht verstanden, redet es weit mehr als mit Kindern mit uns selbst, die wir uns erwachsen wähnen, indem es uns warnend, mahnend, beschwörend vor Augen stellt, was der verordnete Zwang zur »Goldspinnerei« aus uns machen muß. »Du bist unendlich viel mehr wert als alles Geld und Gut dieser Welt«, sagt es. »Du bist in deinem Dasein etwas Unbezahlbares. Du mußt Deine Existenzberechtigung nicht erst erarbeiten. Laß Dir Deine Schönheit nicht rauben. Tausch Dich nicht ein gegen Erfolg und Karriere. Versuche, Dich selbst zu bewahren gegen die Verbotsschilder all der ›Väter‹ und ›Könige‹ der sogenannten Realität. Sie meinen nicht Dich; sie wollen nichts als die Vergrößerung ihrer selbst, als die Vermehrung ihres Besitzes – sie leben nicht wirklich, sie sind lebendig Tote. Hör nicht auf sie. Richte Dein Augenmerk auf Dich selbst. Du hast ein Recht auf Deine Gefühle, und selbst in Deinen Traurigkeiten liegt mehr Wahrheit als in all ihren Vergnügungen. Erlaube Dir, glücklich zu sein. Du nimmst damit niemandem etwas weg. Die beste Art, Verantwortung wahrzunehmen für etwas Lebendes, ist: selber zu leben. Für die Menschen an Deiner Seite kannst Du nichts Besseres tun, als der Mensch zu werden, der Du in Wirklichkeit bist. Denn als ›Königin‹, als ›König‹ leben wirst Du erst, wenn Du das ›Goldspinnen‹ drangibst, – wenn Du beginnst, an Dich selber zu glauben.«

In Armut aufgewachsen und dann nur
Des Vaters Forderungen in den Ohren,
Der mit ihr hart und streng verfuhr,
Fand sie sich früh schon einsam und verloren.

»Wenn du auf Erden leben willst, so sei
Strebsam und stark und tüchtiger als alle,
Die kleinste Schwäche – und es ist vorbei,
Ein steiler Absturz wie im freien Falle.

Frei steht dir nur, was du zu tun gedenkst,
Wie du den Weg zur Spitze vorbereitest.
Ansonsten bist du Sklave, denn du hängst
Ganz ab von dem Erfolg, um den du streitest.

Geliebt, das heißt geachtet wird allein,
Was dir gelingt, als Preis herauszuholen.« –
So stieg sie auf. Und durch den schönen Schein
Ward ihr das Leben unmerklich gestohlen.

Lebendig tot, entfremdet – wie zum Hohn
Entglitt, was einst sie zu gewinnen meinte.
Es tanzte nächtens vor ihr als ein Gnom,
Wenn sie sich stumm verhärmte und verweinte.

Doch so: durch Angst und Depression
Fand sie zu sich zurück. Ja, sie vernahm
Sich selber wieder, als die Illusion
Verging aus Selbstbetrug, Machtgier und Scham.

Sie lernte das Gefühl der Dankbarkeit
Für ihre Schönheit, für ihr Wesen wieder,
Und die Gefühle ihrer Kinderzeit
Erklangen als noch nie gehörte Lieder.

II Der gestiefelte Kater: Wenn Betrug sich auszahlt

Die »Müllerstochter« in dem *Rumpelstilzchen*-Märchen erscheint charakterpsychologisch am ehesten von einer depressiv zu nennenden Struktur bestimmt zu sein: gelenkt von den sadistischen Dressaten eines Überich, das bei Nicht-Erfüllung des Leistungssolls augenblicklich mit Hinrichtung droht; erfüllt von Überforderungsansprüchen und verzweifelten Resignationen; anpassungsbereit bis zum äußersten, doch gerade so in ganzen Teilen des eigenen Daseins sich selbst entfremdet. In der Rolle einer »Königin« mag man eine solche Frau sich im Leben vorstellen als Filialleiterin einer Handelskette, als »Mutter Oberin« in einem Schwesternorden, als Chefsekretärin in einem Anwaltsbüro – an jeder Stelle, die mit einem hohen Maß an Verantwortung und Dauerstreß jene »Tüchtigen« »belohnt«, die es unter Aufbietung aller Kräfte bis dahin geschafft haben.

Doch, natürlich, es gibt auch andere Möglichkeiten, auf eine vergleichbare Ausgangssituation zu reagieren, je nach der Persönlichkeitsstruktur, die jemand (vorgeprägt durch die eigene Kindheit) mitbringt. Eine ganz erstaunliche »Alternative« zu der »Müllerstochter« im Märchen vom *Rumpelstilzchen* bietet jene Geschichte, die CHARLES PERRAULT (1628–1703) in den *Contes de Fées* im Jahre 1697 unter dem Titel *Le Maître Chat ou Le Chat Botté«* – *Der Meisterkater oder Der gestiefelte Kater* veröffentlicht hat. Die »vergleichbare Ausgangssituation« ist auch hier gekennzeichnet durch eine erdrückende wirtschaftliche Armut, die zusehends in eine lebensgefährliche Lage hineintreibt. Vielleicht mag man sich (wie schon im *Rumpelstilzchen*-Märchen) wundern, daß eine solche Problemstellung überhaupt das Thema einer Erzählung aus dem 17. Jh. bilden soll – in der vorindustriellen Gesellschaft, historisch also noch weit entfernt von den sozialen Schrecknissen und Verwüstungen des Manchester-Kapitalismus; PERRAULT aber, dem französischen Advokatensohn und Mitarbeiter von JEAN-

BAPTISTE COLBERT (1619–1683), dem Finanzminister unter Ludwig XIV. (1638–1715, König seit 1643), konnte und mußte die Frage durchaus sich nahelegen, wie eine Gesellschaft sich gestaltet, die von den »Gesetzen« des Merkantilismus, des »freien Markts«, wie wir heute sagen, bestimmt wird. Bezeichnenderweise schildert PERRAULT in seinem *Meisterkater* jemanden, der mit einem solchen Wirtschaftssystem glänzend zurechtkommt[1]; nur: wie gelingt ihm dies? Ist eine Gesellschaftsform nicht in sich selber lächerlich, deren Darstellung, je besser man ihre Tricks und Finten begreift, zur Realsatire ihrer selbst gerät?

LUDWIG TIECK (1733–1853), als er in seinem »Kindermärchen in drei Akten« genau ein Jahrhundert später, im Jahre 1797, den *Gestiefelten Kater* in Form eines Schauspiels im Schauspiel auf die Bühne stellte, schrieb ironisierend für eine Zeit, die »so klug« geworden war, »daß sie allen Spaß ordentlich bei Strafe verboten« zu haben schien, er beabsichtige, die Zuschauer (und Mitakteure) »wieder zu Kindern« zu machen, in erklärtem Widerspruch zu einer »Ausbildung«, die »Mühe und Angstschweiß genug gekostet« habe, um gerade das Gegenteil: einen »vernünftigen«, »aufgeklärten« Erwachsenen, aus ihnen hervorzubringen[2]. Und auch der Humor, mit dem der romantische Dichter die französische Schelmengeschichte aufgreift, verrät ein feines Gespür für die makabren Züge des Stoffes, so daß auch wir gut daran tun, eben diese Aspekte der Interpretation speziell des GRIMMschen Märchens gebührend zu würdigen. Denn wie wenig Eigenes die BRÜDER GRIMM der Geschichte beizusteuern vermochten, die ihnen die Hugenottin Jeanette Hassenpflug erzählte, zeigten sie selber, indem sie die Erzählung, die sie ursprünglich in die Sammlung ihrer (deutschen!) *Kinder- und Hausmärchen* von 1812 aufgenommen hatten, in der Auflage von 1819 bereits wieder fortließen; als »Anhang« zu der Ausgabe von 1856/57 erfreut ihr Märchen sich gleichwohl nicht nur einer großen Beliebtheit im Volke[3], es verdient in unserem Zusammenhang die größte Beachtung vor allem deswegen, weil es, als eine Gaunerkomödie par excellence, im Umgang mit Armut und Not einen Menschentyp uns vor Augen stellt, der wie geschaffen scheint, in dem System des Kampfs aller gegen alle besonders erfolgreich zu sein: den schizoiden Hasardeur, den Spieler ohne Skrupel, den Schlaumeier als Berater.

Ein Müller hatte drei Söhne, seine Mühle, einen Esel und einen Kater; die Söhne mußten mahlen, der Esel Getreide holen und Mehl forttragen und die Katz die Mäuse wegfangen. Als der Müller starb, teilten sich die drei Söhne in die Erbschaft, der älteste bekam die Mühle, der zweite den Esel, der dritte den Kater, weiter blieb nichts für ihn übrig. Da war er traurig und sprach zu sich selbst: »Ich hab es doch am allerschlimmsten kriegt, mein ältester Bruder kann mahlen, mein zweiter kann auf seinem Esel reiten, was kann ich mit dem Kater anfangen? Laß ich mir ein Paar Pelzhandschuhe aus seinem Fell machen, so ist's vorbei.« »Hör«, fing der Kater an, der alles verstanden hatte, was er gesagt, »du brauchst mich nicht zu töten, um ein Paar schlechte Handschuh aus meinem Pelz zu kriegen, laß mir nur ein Paar Stiefel machen, daß ich ausgehen kann und mich unter den Leuten sehen lassen, dann soll dir bald geholfen sein.« Der Müllerssohn verwunderte sich, daß der Kater so sprach, weil aber eben der Schuster vorbeiging, rief er ihn herein und ließ ihm ein Paar Stiefel anmessen. Als sie fertig waren, zog sie der Kater an, nahm einen Sack, machte den Boden desselben voll Korn, oben aber eine Schnur daran, womit man ihn zuziehen konnte, dann warf er ihn über den Rücken und ging auf zwei Beinen, wie ein Mensch, zur Tür hinaus.

Dazumal regierte ein König in dem Land, der aß die Rebhühner so gern; es war aber eine Not, daß keine zu kriegen waren. Der ganze Wald war voll, aber sie waren so scheu, daß kein Jäger sie erreichen konnte. Das wußte der Kater und gedacht seine Sache besser zu machen; als er in den Wald kam, tät er den Sack auf, breitete das Korn auseinander, die Schnur aber legte er ins Gras und leitete sie hinter eine Hecke. Da versteckte er sich selber, schlich herum und lauerte. Die Rebhühner kamen bald gelaufen, fanden das Korn, und eins nach dem andern hüpfte in den Sack hinein. Als eine gute Anzahl darin war, zog der Kater den Strick zu, lief herzu und drehte ihnen den Hals um; dann warf er den Sack auf den Rücken und ging geradeswegs nach des Königs Schloß. Die Wache rief: »Halt! wohin?« »Zu dem König«, antwortete der Kater kurzweg. »Bist du toll, ein Kater zum König?« »Laß ihn nur gehen«, sagte ein anderer, »der König hat doch oft Langeweile, vielleicht macht ihm der Kater mit seinem Brummen und Spinnen Vergnügen.« Als der Kater vor den König kam, machte er einen Reverenz und sagte: »Mein Herr, der Graf«, dabei nannte er einen langen und vornehmen Namen, »läßt sich dem Herrn König empfehlen und schickt ihm hier Rebhühner, die er eben in Schlingen gefangen hat.« Der König erstaunte über die schönen fetten Rebhühner, wußte sich vor Freude nicht zu lassen und befahl dem Kater, so viel Gold aus der Schatzkammer in den Sack zu tun, als er tragen könne: »Das bring deinem Herrn, und dank ihm noch vielmal für sein Geschenk.«

Der arme Müllerssohn aber saß zu Haus am Fenster, stützte den Kopf auf die Hand und dachte, daß er nun sein Letztes für die Stiefeln des Katers weggegeben, und was werde ihm der Großes dafür bringen können. Da trat der Kater herein, warf den Sack vom Rücken, schnürte ihn auf und schüttete das Gold vor den Müller hin: »Da hast du etwas vor die Stiefeln, der König läßt dich auch grüßen und dir viel Dank sagen.« Der Müller war froh über den Reichtum, ohne daß er noch recht begreifen konnte, wie es zugegangen war. Der Kater aber, während er seine Stiefel auszog, erzählte ihm alles, dann sagte er: »Du hast zwar jetzt Geld genug, aber dabei soll es nicht bleiben, morgen zieh ich meine Stiefel wieder an, du sollst noch reicher werden, dem König hab ich auch gesagt, daß du ein Graf bist.« Am andern Tag ging der Kater, wie er gesagt hatte, wohlgestiefelt, wieder auf die Jagd und brachte dem König einen reichen Fang. So ging es alle Tage, und der Kater brachte alle Tage Gold heim und ward so beliebt wie einer bei dem König, daß er aus und ein gehen durfte und im Schloß herumstreichen, wo er wollte. Einmal stand der Kater in der Küche des Königs beim Herd und wärmte sich, da kam der Kutscher und fluchte: »Ich wünsch, der König mit der Prinzessin wär beim Henker! Ich wollt ins Wirtshaus gehen und einmal trinken und Karte spielen, da soll ich sie spazieren fahren an den See.« Wie der Kater das hörte, schlich er nach Haus und sagte zu seinem Herrn: »Wenn du willst ein Graf und reich werden, so komm mit mir hinaus an den See und bad dich darin.« Der Müller wußte nicht, was er dazu sagen sollte, doch folgte er dem Kater, ging mit ihm, zog sich splinternackend aus und sprang ins Wasser. Der Kater aber nahm seine Kleider, trug sie fort und versteckte sie. Kaum war er damit fertig, da kam der König daher gefahren; der Kater fing sogleich an, erbärmlich zu lamentieren: »Ach! allergnädigster König! mein Herr, der hat sich hier im See gebadet, da ist ein Dieb gekommen und hat ihm die Kleider gestohlen, die am Ufer lagen, nun ist der Herr Graf im Wasser und kann nicht heraus, und wenn er länger darin bleibt, wird er sich verkälten und sterben.« Wie der König das hörte, ließ er haltmachen, und einer von seinen Leuten mußte zurückjagen und von des Königs Kleidern holen. Der Herr Graf zog die prächtigsten Kleider an, und weil ihm ohnehin der König wegen der Rebhühner, die er meinte, von ihm empfangen zu haben, gewogen war, so mußte er sich zu ihm in die Kutsche setzen. Die Prinzessin war auch nicht bös darüber, denn der Graf war jung und schön, und er gefiel ihr recht gut.

Der Kater aber war vorausgegangen und zu einer großen Wiese gekommen, wo über hundert Leute waren und Heu machten. »Wem ist die Wiese, ihr Leute?« fragte der Kater. »Dem großen Zauberer.« »Hört, jetzt wird der König bald vorbeifahren, wenn der fragt, wem die Wiese gehört, so antwortet: dem Grafen; und wenn ihr das nicht tut, so werdet ihr alle totgeschlagen.« Darauf ging der Kater weiter und kam an ein Kornfeld, so groß, daß es niemand übersehen konnte, da standen mehr als zweihundert Leute und schnitten das Korn. »Wem ist das Korn, ihr Leute?« »Dem Zauberer.« »Hört, jetzt wird der König vorbeifahren, wenn er frägt, wem das Korn gehört, so antwortet: dem Grafen; und wenn ihr das nicht tut, so werdet ihr alle totgeschlagen.« Endlich kam der Kater an einen prächtigen Wald, da standen mehr als dreihundert Leute, fällten die großen Eichen und machten Holz. »Wem ist der Wald, ihr Leute?« »Dem Zauberer.« »Hört, jetzt wird der König vorbeifahren, wenn er frägt, wem der Wald gehört, so antwortet: dem Grafen; und wenn ihr das nicht tut, so werdet ihr alle umgebracht.« Der Kater ging noch weiter, die Leute sahen ihm alle nach, und weil er so wunderlich aussah und wie ein Mensch in Stiefeln daherging, fürchteten sie sich vor ihm. Er kam bald an des Zauberers Schloß, trat kecklich hinein und vor ihn hin. Der Zauberer sah ihn verächtlich an und fragte ihn, was er wolle. Der Kater machte einen Reverenz und sagte: »Ich habe gehört, daß du in jedes Tier nach deinem Gefallen dich verwandeln könntest; was einen Hund, Fuchs oder auch Wolf betrifft, da will ich es wohl glauben, aber von einem Elefant, das scheint mir ganz unmöglich, und deshalb bin ich gekommen, um mich selbst zu überzeugen.« Der Zauberer sagte stolz: »Das ist mir eine Kleinigkeit«, und war in dem Augenblick in einen Elefant verwandelt; »das ist viel, aber auch in einen Löwen?« »Das ist auch nichts«, sagte der

Zauberer und stand als ein Löwe vor dem Kater. Der Kater stellte sich erschrocken und rief: »Das ist unglaublich und unerhört, dergleichen hätte ich mir nicht im Traume in die Gedanken kommen lassen; aber noch mehr als alles andere wäre es, wenn du dich auch in ein so kleines Tier, wie eine Maus ist, verwandeln könntest, du kannst gewiss mehr als irgendein Zauberer auf der Welt, aber das wird dir doch zu hoch sein.« Der Zauberer ward ganz freundlich von den süßen Worten und sagte: »O ja, liebes Kätzchen, das kann ich auch«, und sprang als eine Maus im Zimmer herum. Der Kater war hinter ihm her, fing die Maus mit einem Sprung und fraß sie auf.

Der König aber war mit dem Grafen und der Prinzessin weiter spazierengefahren und kam zu der großen Wiese. »Wem gehört das Heu?« fragte der König. »Dem Herrn Grafen«, riefen alle, wie der Kater ihnen befohlen hatte. »Ihr habt da ein schön Stück Land, Herr Graf«, sagte er. Darnach kamen sie an das große Kornfeld. »Wem gehört das Korn, ihr Leute?« »Dem Herrn Grafen.« »Ei! Herr Graf! große, schöne Ländereien!« Darauf zu dem Wald: »Wem gehört das Holz, ihr Leute?« »Dem Herrn Grafen.« Der König verwunderte sich noch mehr und sagte: »Ihr müßt ein reicher Mann sein, Herr Graf, ich glaube nicht, daß ich einen so prächtigen Wald habe.« Endlich kamen sie an das Schloß, der Kater stand oben an der Treppe, und als der Wagen unten hielt, sprang er herab, machte die Türe auf und sagte: »Herr König, Ihr gelangt hier in das Schloß meines Herrn, des Grafen, den diese Ehre für sein Lebtag glücklich machen wird.« Der König stieg aus und verwunderte sich über das prächtige Gebäude, das fast größer und schöner war als sein Schloß; der Graf aber führte die Prinzessin die Treppe hinauf in den Saal, der ganz von Gold und Edelsteinen flimmerte.

Da ward die Prinzessin mit dem Grafen versprochen, und als der König starb, ward er König, der gestiefelte Kater aber erster Minister.

weiter blieb nichts für ihn übrig

Daß Tiergeschichten Menschenschicksale malen, ist formell ein Zug der Fabel. Die Erzählung vom *Gestiefelten Kater* aber ist nicht in eigentlichem Sinne eine Fabel, – sie vermittelt nicht am Beispiel vermenschlichter Tiere eine Moral zur Vermenschlichung von Menschen; sie stellt vielmehr im Spiegel einer Tiergestalt eine Möglichkeit menschlichen Verhaltens bis zur Groteske verfremdet dar, um durch die Überzeichnung das vermeintlich ganz Alltägliche in seiner Monstrosität desto greller zu beleuchten – ähnlich wie JOHANN WOLFGANG VON GOETHE (1749–1832) in seiner »Fabel« von *Reineke Fuchs* (1794)[4] oder wie ERNST THEODOR AMADEUS HOFFMANN (1776–1822) in den *Lebensansichten des Katers Murr* (1819–1821)[5]. Der Vorteil dieses erzählerischen Kunstgriffs liegt in dem ständigen Anreiz von Komik und Humor – man liest eine solche Geschichte mit großem ästhetischem Vergnügen, man nimmt sie unbeschwert, – ein Kater ist doch kein Mensch! Aber dann fängt dieses »Tier« an zu sprechen, dann entwickelt es Strategien von stupender Schläue und Hinterlist zur Gewinnung von Reichtum und Macht, dann zeigt es sich in der Tierverkleidung als ein Übermensch an Verschlagenheit – und offenbart damit doch nur, wie wir alle gern wären, wenn wir uns selber empfinden als »arme Schweine«, als »geprügelte Esel«, als »wehrlose Kaninchen«, denen man »das Fell über die Ohren zieht« … Gerade das letztere droht jenem Menschen, der in unserer »Fabel« in dem Kostüm eines »Katers« auftritt.

Seine Ausgangsbilanz ist miserabel, das heißt nicht eigentlich seine eigene, sondern die seines »Herrn«. *Der* ist ein armer Müllerssohn, der gemeinsam mit seinen zwei Brüdern in der Mühle seines – offenbar schon verwitweten – Vaters gearbeitet hat. Ihr gemeinsamer Besitzstand umfaßte gerade das Nötigste: die Mühle selbst, einen Esel, der beim An- und Abtransport des Getreides und des Mehls unersetzliche Dienste leistete, und einen Kater zur Abwehr der Mäuse. Der Betrieb scheint gerade so viel eingebracht zu haben, daß man davon leben konnte, denn als der Vater stirbt, hinterläßt er den Söhnen nichts weiter als jene »Realia«. Was läge da näher, als daß die drei Brüder in Zusammenarbeit den väterlichen Betrieb weiterführten? Doch nein, die bescheidene »Erbmasse« wird geteilt; ein Testament wird nicht erwähnt, – die Brüder selber nehmen die Teilung vor, und sie tun es offenbar nach der Regel: »Wer zuerst kommt, mahlt zuerst.« Von vornherein zerbricht deshalb das 3 plus 1-Schema, das (nach CARL GUSTAV JUNG, 1875–1961)

in den Märchen mit Vorliebe einen Prozeß seelischer Integration symbolisiert[6]: drei Brüder und, als das »ganz andere« Vierte, der Kater...
Das Thema des Märchens vom *Gestiefelten Kater* ist nicht das Erreichen seelischer Einheit; sein Stoff ist die Entzweiung aller im Kampf gegen alle. So bringt hier der älteste sich in den Besitz der Mühle, der zweitälteste, immerhin, kann mit dem Esel vorliebnehmen; dem jüngsten aber bleibt nichts als die Katze. Es gibt nicht einmal den Versuch, für einen gerechten Ausgleich zu sorgen. Wer es vermag – das ist hier der älteste Sohn –, beansprucht halt alles, was er bekommen kann; mögen die anderen zusehen, wie sie zurechtkommen. Daß er als neuer Mühlenbesitzer doppelt und dreifach wird arbeiten müssen, um ohne die Anstellung kostspieliger Hilfskräfte die Arbeitsleistung seiner zwei Brüder zu ersetzen, scheint ihn nicht weiter zu kümmern; seine Selbständigkeit und sein Eigennutz sind ihm wichtiger.

Dabei ist sein Verhalten so üblich, daß es nicht einmal lohnt, dagegen Einspruch einzulegen. Man muß sich dem Stärkeren fügen; dem Jüngsten, dem rechtlich gesehen Schwächsten also, bleibt nur die Resignation – die materielle »Verwertbarkeit« seines Erbanspruchs tendiert gegen null. Statt die ihm zugeteilte Katze unnützerweise durchzufüttern, kann er sie auch gleich töten. – In manchen östlichen Gebieten Deutschlands wäre ein solches Tier noch bis in die Mitte des 20. Jhs. hinein als »Dachhase« verspeist worden, und in ganz Deutschland war es bis vor wenigen Jahrzehnten durchaus üblich, das weiche und warme Fell einer Katze als Nierenwärmer oder als Muff (als Handwärmer) an den – damals noch – kalten Wintertagen und in den nur wenig oder gar nicht geheizten Räumen während der Abend- und Nachtzeit zu nutzen. Vielleicht ließe ein solches Katzenfell sich auch verkaufen, um bei bescheidener Lebensführung eine Woche lang die nötige Nahrung einzuholen, dann aber warteten Hunger und Sorge. Die Lage scheint aussichtslos, und so geht es dem dritten Müllersburschen nicht besser als seiner Katze, der er das Fell abzuziehen nicht übel Lust hat. Beide befinden sich in einer Welt, die aus lauter Not Mitleid nicht kennt, deren Mitleidlosigkeit aber wiederum den Grund für Notlagen wie diese bildet. In einer solchen Situation fand im Märchen vom *Rumpelstilzchen* die arme Müllerstochter eine »Anstellung«, deren Leistungszwang sie vollkommen überforderte und sich selbst zunehmend entfremdete; der Müllerssohn unseres Märchens jetzt aber beginnt mit äußerster Raffinesse, sich die Logik des Systems, in dem er steckt, zunutze zu machen; genauer gesagt, ist es auch bei ihm sein »anderes Ich«, das ihn vor dem Untergang rettet; – nur diesmal nicht in Gestalt eines Kinder raubenden, lächerlichen Gnoms, sondern sein »tierischer« Überlebenswille, personifiziert in eben dem gestiefelten Kater; dieser andere Teil in ihm selber entwickelt sich nicht, wie bei der Müllerstochter, als »Schatten« – durch die Abspaltung beträchtlicher Teile der eigenen Psyche unter einem ständigen Anpassungsdruck; seine instinktsichere Verschlagenheit entfaltet sich vielmehr in vernünftiger Anpassung an die Realität. Wenn die anderen alles tun, was sie können, so muß er, um mitzuhalten, alles können, was zu tun ist. Pfiffigkeit, Schläue, Spitzbübigkeit – wie immer man's nennt, es ist verkörpert in seiner Katze. Sie rettet ihr Leben, indem sie ihrem Herrn zu Ruhm und Reichtum verhilft.

laß mir nur ein Paar Stiefel machen

»Vernünftigerweise«, möchte man meinen, könnte diese »Katze« es einfacher haben: Sie bräuchte nur fortzulaufen, um sich vor ihrem bisherigen Halter bzw. neuen Besitzer in Sicherheit zu bringen und ihre famose Fertigkeit zu Kunststücken aller Art zum eigenen Vorteil zu nutzen. Aber natürlich, eine Katze, die sprechen kann, ist keine gewöhnliche Katze, sie ist eines der in Mythen und Märchen zahlreichen »Hilfstiere«, die den Menschen, wenn sie mit ihrem »Latein« am Ende sind, rettend zur Seite stehen[7], wie zum Beispiel der »Fuchs« in dem Märchen *Der goldene Vogel* (KHM 57)[8]; sie sind, psychologisch betrachtet, ein bis dahin als unbrauchbar liegen gelassener Seelenanteil der handelnden Person, der sich erst jetzt, in der Not, zu Wort meldet. So läßt LUDWIG TIECK seinen Kater Hinz treu zu seinem Herrn stehen, weil er »ein ordentliches Mitleid« mit ihm hat, im Wissen freilich, als Katze, im Unterschied zu einem Hund, »keinen Gefallen an Dienstbarkeit und Sklaverei« zu finden[9].

Anlaß für die Wahl gerade einer »Katze« zu einem solchen Typ von

»Hilfe«, wie sie dem Müllerssohn zuteil wird, mag die Technik dieses Tieres beim Beutefang geboten haben: der geräuschlose Gang, das geduldige, wie unbeteiligt wirkende Warten, das verspielte Sich-Anschleichen und Sich-Hinducken, der überraschende Ansprung, das plötzliche Vorstrecken der Krallen aus den seidenweichen Pfoten – das alles hat den Katzen den Ruf der »Falschheit« eingetragen. TIECK erinnert zudem an die einstige göttliche Größe, die der ägyptischen Falbkatze als der Urform aller Hauskatzen in Gestalt der Stadtgöttin Bastet zukam[10]: ihre größte Tat vollbrachte sie, als sie im Kampf mit der Apophis-Schlange dieses Ungeheuer der Finsternis und des Todes erfolgreich besiegte (Abb. 3); zu einer solchen Heldentat scheint die Katze als Nachtjäger natürlich besonders prädestiniert. Betrachtet man das Dunkel der Nacht psychologisch als das Unbewußte im Menschen, so läßt sich das Mythem von dem Sieg der ägyptischen Bastet kaum anders deuten denn als Triumph des Lichtes über die Finsternis, des Bewußtseins über die Schatten des verdrängten Materials der Psyche, – als der Beginn einer mühsam genug errungenen Form der Einheit mit sich selbst[11]. Und so meldet in den Hilfstieren der Märchen zumeist eine unbewußte Vernunft sich zu Wort, fähig, Konflikte zu lösen, zu deren Bewältigung der zweckrational denkende Verstand nicht imstande ist; doch all diese in anderen Märchen durchaus möglichen Deutungen verschlagen nicht in der Geschichte vom *Gestiefelten Kater*, in der es sich gerade umgekehrt verhält: Dieses »Hilfstier« tritt auf als die verkörperte Verstandeseinseitigkeit. Keine neue Stufe der Integration der Seele wird hier erklommen, ganz im Gegenteil werden wir zu Zeugen eines Meisterstücks an weltmännischer List und Gaunerei. Entsprechend bietet die »Moral«, die PERRAULT aus seiner Erzählung zu destillieren suchte, wenig mehr als eine Rezeptur gewöhnlicher Weltklugheit:

> Wie groß auch sein mag der Betrag,
> den einer glücklich erben mag
> an Hab und Gut vom Vater auf den Sohn –
> gemeinhin sind für junge Leute
> doch Fleiß und klug erjagte Beute
> mehr wert als solch ein müheloser Lohn.

Und:

> Wenn hier der Sohn des Müllers so geschwind
> das Herz der Königstochter sich gewinnt,
> und sie ihm Blicke schenkt, aus denen Liebe spricht –
> so sehn wir: Kleidung, Jugend, Mienen,
> sie sind, um zarter Mädchen Neigung zu verdienen,
> die schlechtesten Gehilfen nicht.[12]

Erfolgsempfehlungen dieser Güte laufen darauf hinaus, sich nur ja nicht auf die faule Haut zu legen, sondern tüchtig herumzuwildern, im Vertrauen darauf, daß am Ende der Erfolgreiche, schon auf Grund seines gepflegten Äußeren, das er sich fortan leisten kann, irgendwann wie von selbst als bemerkens-, ja, als liebenswert erscheinen wird; – manch ein Zyniker könnte sich bestätigt finden, der schon immer wußte, daß Geld »sexy« ist. Doch so simpel steht es um unseren »Meisterkater« nun wieder auch nicht. Wohl weiß er nur zu gut um den Wahrheitsgehalt von Sprichwörtern wie: »Kleider machen Leute«, und »Wie man kommt gegangen, so wird man auch empfangen«. Sein Motiv aber, sich derlei Sätzen als Handlungsanweisungen zu bedienen, ist die schiere Verzweiflung: es geht ihm »an den Kragen«, das heißt »ans Fell«, und will er es nicht »zu Markte tragen«, so sieht er sich gezwungen, anderen »das Fell über die Ohren zu ziehen«. Die Welt der bloßen Existenznot läßt ihm vorgeblich keine andere Wahl: entweder es gelingt ihm, mit Fleiß und Klugheit »Beute« zu machen, oder er wird selbst die leichte Beute anderer. »Not kennt kein Gebot« – *das* ist das »Sprichwort«, das sein Verhalten jetzt bestimmt. »Du oder Ich« – das »Gesetz« tödlicher Konkurrenz bildet die Triebkraft all seiner Aktionen. Für unsere Müllerskatze übersetzt sich diese Ausgangslage in eine einfache Erkenntnis: Sie wird nur als die »beste« überleben können! Sie hat bereits auf Grund ihrer Armut eigentlich jedes »Recht« zu leben verwirkt! Zum Dasein wird sie überhaupt nur zugelassen, wenn sie ihre Existenz durch den Nachweis des Nutzens zu rechtfertigen weiß, den ihre Arbeitskraft ihrem Herrn und Halter einbringt. Zur Rechnung steht von Anfang an der materielle Gewinn, der sich aus der Verwertung ihres Kadavers ziehen ließe, gegen den Ertrag, den ihre Meisterschaft in Bauernschläue und Gerissenheit erwirtschaftet. Eine einfache Kosten-Nutzen-Abwägung entscheidet über Sein oder Nichtsein dieses Tieres, das vor der »Wahl« steht, entweder als Erblast »entsorgt« zu werden oder aber aus einem einfachen Mühlenkater sich in einen Meisterkater zu verwandeln, dessen Übernützlichkeit seine Existenz zunächst als vorteilhaft, schließlich als unentbehrlich erweisen wird. »Wenn meine Erträge weit über den Ausgaben für meinen Unterhalt liegen und die Gewinnerwartungen im Falle meines Ablebens übersteigen, dann, aber auch nur dann, darf ich selber erwarten, am Leben gelassen zu werden. Denn: zu leben verdient nur, wer genug verdient.«

Man kann eine solche Lebensmaxime, die unausgesprochen das Lebenskonzept in der Psyche vieler *Magersüchtiger* bildet[13], gesellschaftlich betrachtet, natürlich auch als die objektiv gegebene Rahmenbedingung allen geschäftlichen Handelns unter kapitalistischen Wirtschaftsvoraussetzungen ansehen. Es geht im »Wettbewerb« auf dem »freien« Markt grundsätzlich nur um ein einziges Kalkül: welche Mittel und Methoden dazu taugen mögen, auf Kosten anderer sich am Leben zu erhalten, und alles, was dazu geeignet erscheint, andere hereinzulegen und ihre natürlichen Interessen gegen sie selber zu kehren, will dabei routiniert, optimiert und maximiert werden. Notwendigerweise wächst daher das Märchen vom *Gestiefelten Kater*, einfach indem es in wenigen Strichen eine Welt derartiger Handlungsgewohnheiten zu karikieren versteht, sich zu einer Parodie der erfolgreichsten Verhaltensstrategien kapitalistischer Wirtschaftssysteme aus: Der Druck ständiger Existenzangst, der Zwang permanenter Daseinsnot, das muß man zugeben, steigert alle Anstrengungen auf ein Höchstmaß. »Dynamisch«, »kreativ«, »flexibel« und »effizient« ist ein solches Wirtschaftssystem ganz einfach deshalb, weil es über kurz oder lang jeden »Wirtschaftsteilnehmer« zum Untergang verurteilt, der im Vergleich mit seinen direkten Konkurrenten nicht ein höheres Maß an »Dynamik«, »Kreativität«, »Flexibilität« und »Effizienz« an den Tag legt. Wie also muß man es machen, um erfolgreich mitzuhalten? Voilà: wer will, kann in PERRAULTS oder der BRÜDER GRIMMS »Meisterkater« seinen rechten Lehrherrn finden.

du brauchst mich nicht zu töten

Kennzeichnend ist bereits, daß der »Kater« ein Programm erstellt, das ihn zum Gewinner – und damit zum Überlebenden – erst dann bestimmt, wenn er mit seinen Unternehmungen zum Wohle seines Herrn und Halters erfolgreich war. Eine solche Mentalität läßt sich in der Tat als »schizoid« interpretieren – als »Kellner«haltung gewissermaßen, wonach jemand den anderen das bestellte Essen serviert, um dadurch vor weiteren Forderungen geschützt zu sein und am Ende über die nötige Nahrung auch für sich selbst zu verfügen. Entscheidend aber ist der Umstand, daß unser »Meisterkater« sich eben nicht nur als der Handlanger oder der »rechte Arm« seines Auftraggebers versteht; im Gegenteil: er tritt ganz und gar in eigener Regie auf, er kompensiert vollständig die Einfallslosigkeit seines »Herrn«, und es ist seine Entschlußkraft, die durch energische Taten dessen resignierte Ratlosigkeit widerlegt; gerade dadurch erweist dieses »Hilfstier« sich (erneut) als die andere Seite der Verzweiflung seines »Herrn«. In keinem Falle ergibt sich mithin zwischen beiden ein Verhältnis von »Herrn« und »Knecht«, wie GEORG WILHELM FRIEDRICH HEGEL (1770–1831) in seiner *Phänomenologie des Geistes* von 1807 es beschrieb[14]. Schaut man in den Chefetagen der »Entscheidungsträger« in Wirtschaft, Politik, Kirche und Militär sich ein wenig um, so wird man in der Tat nicht den befehlausführenden, weisungsabhängigen »Gammas« der Sozialpyramide begegnen – den »Kärrnern« und »Kulis«, den Mitträgern und Mitläufern, den »Gewinnlern« und »Gefolgsleuten« des »Erfolgs« –, man wird vielmehr auf die Schar der »Betas« treffen – der Berater, der (Wirtschafts-)»Weisen«, der »Experten«, der »Intellektuellen« des »mainstreams« – der Egg-heads (der »Eierköpfe«), wie man sie spöttisch im Angelsächsischen auch zu nennen pflegt, – von den »grauen Eminenzen« sprach man ebenso respektvoll wie mißtrauisch im Kaiserreich, von den »Strippenziehern« oder von den »Büchsenspannern« redet man heute gern im »kritischen« Journalismus[15]. Gewiß gibt es »Betas«, die als kompetente und kenntnisreiche Informanten und Ratgeber ihr Bestes tun; doch mittlerweile wird die Stelle des »Beraters« hochdotiert; potente Sponsoren finanzieren ihre »Denkfabriken« (US-amerikanisch: ihre »think-tanks«), um über bestimmte »Analysen«, »Lagebewertungen« und »Strategiepläne« (mitunter als »Optionen« oder auch als »Visionen« bezeichnet) Einfluß auf die »Mächtigen«, doch zumeist »unwissenden« Alphas zu gewinnen und dadurch ihr Geld in Geltung umzuwandeln. Kennzeichnend für all die Egg-heads (oder »Betas«) ist ihre prinzipielle Kellner-Distanz: sie liefern mit ihren »Ratschlägen« im Grunde nur eine bestellte Ware ab, oder anders gesagt: sie erstellen die Kochrezepte, um die Speisen herzustellen, die den Regierenden aller Wahrscheinlichkeit nach am meisten munden dürften; sollte sich zeigen, daß diese »Speisen« jenseits des Appetits schwer verdaulich oder auf längere Sicht gar gesundheitschädigend sind, so können sie selbstredend nicht dafür, sie können vielmehr – im Lichte der nun eingetretenen Fakten – im Handumdrehen ihre vormalige Meinung revidieren und zu einer ganz anderen, »aktualisierten« »Lagebewertung« gelangen: Mal etwa wissen sie, daß es »unverzichtbar« ist, den Nahen Osten zu »demokratisieren«, dann aber, wenn die Sache schiefgeht, sehen sie »neue Aspekte auftauchen«, die ihnen eine veränderte Vorgehensweise als »angemessen« erscheinen lassen; mal erklären sie, daß für die Annahme einer globalen Klimaerwärmung keine wissenschaftlich vertretbaren Anhaltspunkte vorliegen, und so raten sie, die Wirtschaft (vor allem die Autoindustrie) weiter »boomen« zu lassen und für den »Umweltschutz« den Ausbau der »sauberen« Kernindustrie mit der Errichtung von rund 400 neuen Atommeilern allein in den USA voranzutreiben, dann wieder gilt es ihnen für angezeigt, einem Anstieg der Temperaturen um mehr als 2° C bis 2100 »entschieden entgegenzutreten« und den CO_2-Ausstoß der Kraftfahrzeuge in den nächsten 10 Jahren um 20 % zu verringern, – um nur zwei Beispiele der jüngsten Politik in den USA aufzugreifen.

Zum Wesen derartiger Betas gehört es, daß sie niemals die letzte Verantwortung tragen, indem sie die Entscheidungen ihrer »Herren« und »Halter« zwar argumentativ vorbereiten oder ideologisch abstützen, doch niemals selber in eigener Zuständigkeit treffen. Stets stehen sie in zweiter Linie; ihre Stellung befindet sich ausnahmslos in »rückwärtigen Positionen«, und wenn ihre »Ideen« sich nicht »bewähren« sollten, können sie sich immer noch rechtzeitig »absetzen«. – Vor allem ihren

Narzißmus in all ihren Unternehmungen sollte man nicht übersehen. »Der Lebenskluge«, heißt es in E. T. A. HOFFMANNS *Lebensansichten des Katers Murr*, »muß es verstehen, allem, was er bloß seinetwegen tut, den Anschein zu geben, als täte er es um anderer willen, die sich dann hoch verpflichtet glauben und willig sind zu allem, was man bezweckte. Mancher erscheint gefällig, dienstfertig, bescheiden, nur den Wünschen anderer lebend und hat nichts im Auge als sein liebes Ich, dem die anderen dienstbar sind, ohne es zu wissen. Das, was du also als unterwürfige Schmeichelei zu nennen beliebst, ist nichts als weltkluges Benehmen, das in der Erkenntnis und der foppenden Benutzung der Torheit anderer seine eigentliche Basis findet.«[16]

Unser »Meisterkater« hat zweifellos (auch) etwas von einem solchen »Berater«, doch ist sein Schicksal von vornherein mit dem Wohl und Wehe seines »Herrn« viel zu eng verschmolzen, um in einer bloßen Etappen-Distanz zu verbleiben. Holt er seinem »Herrn« nicht, wie man zu sagen pflegt, »die Kastanien aus dem Feuer«, stets gewärtig, sich dabei die Hände (oder richtiger: die Pfoten) zu »verbrennen«, so weiß er, daß es mit ihm aus ist, dann werden – wie man erneut zu sagen pflegt – »Köpfe rollen«: sein eigener als erster. Jemand, der einem Chef, einem Kanzler, einem Präsidenten, einem Papst mit Rat *und Tat* zur Seite steht, ist weder ein Beta noch ein Gamma, er befindet sich von Anfang an in der Position, in die hinein der »Meisterkater« schließlich denn auch offiziell durch eigene Ernennung gehoben werden wird: er agiert im Ministerrang, und so ist er vom ersten Augenblick an zum Erfolg verdammt. Vorbei die Zeit, nur für den eigenen Bedarf auf Beutefang zu gehen und damit die Mühle (relativ) mäusefrei zu halten; jetzt gilt es, »das Schicksal zu korrigieren« (frz.: corriger la fortune), und ohne »Fortune« wartet auf der Stelle der Untergang. Aufstieg oder Absturz, alles oder nichts – das Hasardspiel, das Abenteuertum des Vabanquespiels beim Roulette, das Setzen auf *eine* Karte, – auf »banca rutta« zur Abwendung des drohenden eigenen Bankrotts wird nicht aus Übermut gewählt; es handelt sich um die erzwungene »Hybris« eines an sich Hoffnungslosen, um das letzte Aufbäumen eines an den Rand Gedrängten oder an die Wand Gestellten, um jene »kriminelle Energie«, die kein moralisches Gesetz mehr anerkennt, weil das Regelwerk des Zusammenlebens in der »Normalität« die Gescheiterten unfehlbar »zum Abschuß freigibt«, – um waidmännisch korrekt ein Dasein zu kennzeichnen, in dem ein jeder der Jäger des anderen ist. – Insofern ist das Bild der Bastet denn doch geeignet, das Motiv des *Gestiefelten Katers* zu portraitieren, indem diese Symbolgestalt der ägyptischen Sonnenmythe höchst eindringlich die mitleidlose Grausamkeit, den unbedingten Siegeswillen und schließlich den Triumph verkörpert, mit dem eine solche Rettung aus der »Nacht« der Verzweiflung einhergeht. Kein Zweifel, in Gestalt des »gestiefelten Katers« hockt kein schnurrendes Hauskätzchen mehr vor uns; auf seinen Auftritt wartet ein mit allen Katzenkünsten ausgestattetes ausgewachsenes Raubtier, das für alle »Rebhühner« in tierischer wie menschlicher Gestalt um so gefährlicher ist, als es von seiner äußeren Grazie und seinem Charme, je nach Bedarf, nach wie vor nichts verloren hat. Oder doch?

Selbst Leser des Märchens vom *Gestiefelten Kater* wie wir, groß geworden in den Klauen des Kapitalismus, wüßten vermutlich der armen Katze des Müllersburschen nicht ohne weiteres anzuempfehlen, wie in ihrer Lage zu verfahren sei. Das erste ist klar: da sie kein Geld hat, muß sie Geld »aufnehmen« (so der trügerische Ausdruck im Banken-Deutsch beim Ziehen von Krediten); da sie schuldig ist, überhaupt zu existieren, muß sie sich verschulden, um existieren zu können: statt *ein Paar schlechte Handschuh* aus ihrem *Pelz* zu fertigen, schlägt sie ihrem Herrn vor, ihr *nur ein Paar Stiefel* zu *machen*. Diese sollen der Vertrauensvorsprung, der »Kredit« in wörtlichem Sinne, sein, der erforderlich ist zu ihrer »Existenzgründung«, – so heißt es wirklich im Wirtschaftsdeutsch, wenn jemand »unternehmerisch« tätig wird, und diese Katze nun freilich gedenkt, eine Menge zu »unternehmen«; immerhin entwickelt sie mustergültig ganz wie von selbst die ersten drei Hauptregeln kapitalistischen »Wirtschaftens«, als da sind:

Erstens: die gerade genannte Unverzichtbarkeit des Kredits. Wieso überhaupt gewinnt der Kater eine gewisse Glaubwürdigkeit in den Augen seines Herrn? Vorzuweisen hat er nichts – außer (bei CHARLES PERRAULT), daß sein Herr »ihn immerhin so viele geschickte Streiche« hatte »machen sehen«[17]; doch selbst der französische Dichter muß an

Abb. 1: CASPAR DAVID FRIEDRICH: *Der einsame Baum* (siehe S. 44)

Abb. 2: FRANZ RADZIWILL: *Siel bei Petershörn* (siehe S. 44)

Abb. 3: Grab des Anhur-châu: der große Kater von Heliopolis tötet die Aphosis-Schlange. 20. Dynastie, Theben-West (siehe S. 84)

Abb. 4: ANDREAS PAUL WEBER: *Unser täglich Brot* (siehe S. 111)

Abb. 5: ANDREAS PAUL WEBER: *sie fressen alles* (siehe S. 111)

Abb. 6: GABRIELE MÜNTER: *Der Schreck* (siehe S. 116)

Abb. 7: Bremer Stadtmusikanten (siehe S. 142)

Abb. 8: MEISTER BERTRAM: *Die Erschaffung der Tiere* (siehe S. 150)

dieser Stelle die an sich gewiß erstaunliche Geschicklichkeit seiner Katze beim Mäusefangen um etliches »aufwerten«, um das Ersuchen nach einem Paar neuer Stiefel als plausibel erscheinen zu lassen: so soll sein »Meisterkater« bisher schon in seinen Fangtechniken dadurch aufgefallen sein, daß er »sich etwa an den Füßen aufhing oder sich im Mehl versteckte und totstellte«[18]; doch braucht, wer solcher Streiche fähig ist, noch Stiefel, angeblich, um damit »durch das Gestrüpp laufen« zu können? Sollte es jemals einer Katze zum Vorteil gereicht haben, statt sich auf samtweichen Pfoten geräuschlos ihrer Beute zu nähern, nunmehr nach Art eines Dragoners aufzutreten? Man weiß heute, daß Katzen selbst feinste Erschütterungen im Boden, wie das Laufen einer Maus sie erzeugt, mit ihren sensiblen Pfoten wahrzunehmen vermögen[19]; ein hartledernes Futteral für ihre Hinterpfoten ist vollkommen abträglich ihren wirklichen Fähigkeiten, – selbst PERRAULT muß schließlich zugeben, daß »Stiefel ... nicht geeignet« sind für eine Katze, um »mit ihnen auf den Dachziegeln zu laufen«[20]. Mit einem Wort: ein »gestiefelter Kater« ist eine Travestie seiner selbst, ein hölzernes Eisen, eine Groteske; doch gerade auf diese Alteration des eigenen Wesens, auf diese mutwillige Entfremdung im ganzen läuft die erste Maßnahme hinaus, mittels derer der »Meisterkater« sich und seinen Herrn aus der Bredouille zu holen beabsichtigt.

Offensichtlich lautet die oberste Devise eines erfolgreichen Wirtschaftsunternehmers mithin, nur ja nicht länger seinen natürlichen Befähigungen und Bedürfnissen zu folgen, sondern sich Verhaltensweisen (sprich: Allüren) zuzulegen, die es erlauben, sich möglichst auffällig und imposant (sprich: werbewirksam) zum Zwecke der »Selbstvermarktung« in Szene zu setzen. Die Angelegenheit ist äußerst aktuell: Inzwischen sind wir selber schon dabei, im deutschen Fernsehen in endlosen Folgen zu zeigen, wie Siebzehnjährige in einem Vorstellungsgespräch am vorteilhaftesten ihr »gestyltes« »Outfit« vorführen, ihre »Kompetenz« zur Geltung bringen, ihre Schwächen kaschieren, ihre Stärken präsentieren – kurz, wie sie selber die Schuld daran tragen, wenn sie eine bestimmte Stelle *nicht* bekommen.

Was ein wirklicher »Meisterkater« unter diesen Umständen sich aneignen muß, ist jene Lektion Nr. 1 eines echten kapitalistischen »Existenzgründers«: Nimm Kapital auf, da du selber keines besitzt, doch gib es um Himmels willen nicht für den eigenen »Konsum« aus; vielmehr ist rigoroser Konsumverzicht die Bedingung deines Fortkommens; ja, investiere die Summe deiner Kredite zunächst nicht einmal in die Produktion irgendwelcher Waren oder in gewisse Anlagegeschäfte; zunächst geht es um den »moralischen« Kredit, – wie du auftrittst, wie du aussiehst, es geht um dein Image, um deine Respektabilität. Und so sehen wir unseren »Meisterkater« zuvörderst bemüht um ein schneidiges Aussehen. Die Stiefel, die er sich machen läßt, bilden seine erste Kapitalanlage, – eine reine »Designer«-Investition zum Aufbau der passenden Fassade. »Werbung kann nie zu teuer sein«, pflegt man unter Kaufleuten zu sagen, – und wirklich: vier Prozent des Bruttosozialprodukts in der Bundesrepublik Deutschland geben wir seit langem für nichts anderes mehr aus als für Anzeigen, Spots und Kampagnen zugunsten eines möglichst erfolgreichen »Marketing« (im Vergleich zu den gerade einmal 0,3 Prozent Ausgaben für Entwicklungshilfe zum Beispiel).

Die zweite Regel zu Beginn einer kapitalistischen »Existenzgründung« heißt daher: Vor der Produktwerbung steht die Imagewerbung – dein Outfit, dein Logo, dein Außenprofil, deine Selbstdarstellung. Natürlich handelt es sich bei all dem um bloße »Luftnummern«, um »Attrappen« ganz wörtlich, wie unser »Meisterkater« den Erwerb seiner Stiefel denn auch versteht; was er beabsichtigt, ist eine trügerische Fallenstellerei, mit der es ihm gelingen soll, andere hereinzulegen. Doch was er allem Anschein nach dabei nicht richtig einschätzt oder einfach übersieht, ist die Selbstverformung, die er sich damit auferlegt, ist der Zwang der Theatermaskerade, die er, einmal gewählt, zeit seines Lebens wird beibehalten müssen, ist die Entpersönlichung, die er selber an sich vornimmt zugunsten einer sich ständig verengenden Welt von selbstgeschaffenen »Sachzwängen«.

Psychologisch findet man manchmal die Meinung vertreten, die Gier nach dem Geld entstamme dem Verlangen nach Freiheit. Ein Mensch mit einer Million kann tun, was er will, ein Mensch ohne eine Million aber kann eben nicht tun, was er will; – auf diese Formel brachte bereits der ständig unter Geldproblemen leidende russische

Dichter FJODOR MICHAILOWITSCH DOSTOJEWSKI (1821–1881) vor rund 130 Jahren dieses »Argument«[21]; freilich wußte er genau um das (Selbst)Betrügerische dieser Einstellung: ein Mensch, der mit Geld Freiheit zu erkaufen sucht, wird innerlich nur immer unfreier, getriebener und abhängiger – gleich einem Süchtigen.

In einem erschütternden Dialog hat der österreichische Dichter JOSEPH ROTH (1894–1939) in seinem Roman *Flucht ohne Ende* aus dem Jahre 1927 einmal die Selbstversklavung eines erfolgreichen Geschäftsmannes dargestellt: Als Spätheimkehrer aus Rußland nach dem Ersten Weltkrieg trifft Leutnant Tunda in Wien auf einen Kreis von Personen, die es nach der Katastrophe bereits wieder zu etwas gebracht haben – lauter arrivierte und etablierte Charaktere, die mit neuem Stolz auf ihre gesellschaftlichen Errungenschaften blicken; wehmütig fast versucht Tunda, gefragt nach seinen Erlebnissen im nachrevolutionären Rußland, von dem Wind zu erzählen, der sich abends über Baku legte, als ein Tuchfabrikant ihn beiseite nimmt und ihm gesteht: »Ich habe Sie früher ganz genau verstanden…, was Sie mit dem Wind in Baku gemeint haben. … Was mich betrifft, so habe ich meine praktischen Fragen. … Jeder lebt hier nach ewigen Gesetzen und gegen seinen Willen. Natürlich hat jeder einmal, als er anfing, … seinen eigenen Willen gehabt. Er arrangierte sein Leben, vollkommen frei, niemand hatte ihm etwas dreinzureden. Aber nach einiger Zeit, er merkte es gar nicht, wurde, was er aus freiem Entschluß eingerichtet hatte, zwar nicht aufgeschriebenes, aber heiliges Gesetz und hörte dadurch auf, die Folge seiner Entschließung zu sein. … Wenn es mir zum Beispiel, als ich hierherkam, gefiel, bunte Hemden mit angenähten Kragen und ohne Manschetten zu tragen, so gehorchte ich mit der Zeit einem sehr strengen und unerbittlichen Gesetz, indem ich diese Art Hemden trug. … Denn das Gesetz befahl: der Fabrikant trägt bunte Hemden mit festen Kragen, wodurch er beweist, daß er ein Mann der Arbeit ist wie seine Arbeiter und Angestellten. Er braucht nur seine Krawatte abzuknöpfen, schon sieht er aus wie ein Proletarier. … Als ich hierherkam, hatte ich viel zu tun, ich mußte Geld beschaffen, eine Fabrik einrichten…, ich hatte keine Zeit für Theater, Kunst, Musik, Kunstgewerbe, religiöse Gegenstände, israelitische Kultusgemeinde, katholische Dome.

Wenn mir also jemand mit irgendeiner Sache an den Leib rückte, wehrte ich ihn in einer groben Weise ab. Ich wurde sozusagen ein Grobian oder ein Mann der Tat, man bewunderte meine Energie. Das Gesetz bemächtigte sich meiner, befahl mir Grobheit, unbekümmertes Handeln – ich muß, verstehen Sie, mit Ihnen so sprechen, wie es mir das Gesetz befiehlt. ... Glauben Sie, der Wind in Baku interessiert mich nicht mehr als das Petroleum? Aber darf ich Sie nach Winden fragen? Bin ich ein Meteorologe? Was wird das Gesetz dazu sagen? – So wie ich, lügen alle Menschen. Jeder sagt das, was ihm das Gesetz vorschreibt. ... Die Rollen sind jedem zugeteilt. Der Musikkritiker und Ihr Bruder zum Beispiel: beide spielen an der Börse. ... Wovon reden sie? Von gebildeten Dingen. Sie können, wenn sie in ein Zimmer treten und die Menschen ansehen, sofort wissen, was jeder sagen wird. Jeder hat seine Rolle. So ist es in unserer Stadt. Die Haut, in der jeder steckt, ist nicht seine eigene. Und wie in unserer Stadt ist es in allen ...«[22]

Was diesen Tuchfabrikanten von einem Gestiefelten Kater unterscheidet, ist sein verbliebener Rest an Reflexivität und Selbstzweifel. Erstaunlich an der psychologischen Darstellungskraft von Märchen ist unter anderem ihre typologische Charakterportraitierung. Man braucht einen Menschen nur als »tapferes Schneiderlein« zu titulieren (entsprechend dem GRIMMschen Märchen in KHM 20), und schon glaubt man im Bilde zu sein, mit wem man es zu tun hat; so auch genügt es, jemanden als einen Gestiefelten Kater bezeichnet zu finden, und sogleich sieht man einen Menschen vor sich, der mit kleinen, trippelnden Schritten scheinbar sicher und zielbewußt »seinen Stiefel geht«: er weiß, was er will, soll man von ihm denken, aber er verrät es nicht; er will etwas erreichen, und die anderen sollen ihn daran nicht hindern; er ist bei weitem nicht so keck und stark, als er tut, doch das will oder darf er sich selber nicht zugeben. In gewissem Sinne muß er sich sein Gehabe selbst glauben, und vor allem: er muß in seine ursprünglich viel zu großen Stiefel nach und nach erst hineinwachsen, denn es gibt für ihn nur *einen* Weg, sich vor dem Getuschel und Gemäkel der anderen *nicht* bis auf die Knochen zu blamieren – das ist, in gerade dem Umfang zu reüssieren, wie es zu seinem »Auftritt« in übergroßen »Stiefeln« passend ist. Schon der Attitüde des Eigensinnigen, des allzu forsch Erscheinenden wegen muß ein Gestiefelter Kater die vollständige soziale Vernichtung gewärtigen, im Falle er keinen »Erfolg« hat. Es bleibt nichts anderes übrig, als den zur Existenzbedingung gezogenen »Kredit« nachzuverdienen. Und wohlgemerkt: dieses »Nachverdienen« geschieht in der Pose des »Dienens« für andere. Es ist nicht gerade die Manier von Persönlichkeiten dieser Art, sich genußvoll in Schale zu werfen und ihre trickreich gelandeten Coups zu genießen; sie sind Überraschungskünstler, stets auf der Suche nach neuen günstigen Gelegenheiten, mit ihrer »Politik der kleinen Schritte« das eigene Weiterkommen zu befördern. Man mag, wie der Müllersbursche im Märchen, sich den Versprechungen eines solchen »Meisterkaters« anvertrauen, doch weiß man nie, was für einen »Tiger man da reitet«: Was um Himmels willen führt er im Schilde? Das ist nicht in Erfahrung zu bringen. Es geht vielmehr zu wie in der Neujahrsansprache von Kanzlerin Angela Merkel im Jahre 2007: »Lassen wir uns überraschen damit, was möglich ist.« Allenfalls hinterher, wenn die »Überraschung« gelungen ist, wird man erfahren, was mit »damit« gemeint war.

Was für eine seelische Entwicklung steht hinter dem Typ eines solchen Gestiefelten Katers? – Es ist zum rechten Verständnis der »Volkspsychologie in Bildern«, die ein Märchen betreibt, schier unerläßlich, sich den biographischen Werdegang von Menschen anzuschauen, auf deren Gehabe die dargebotene Charakterzeichnung zutrifft. – So schilderte ein Sozialarbeiter in mittleren Jahren einmal, wie er seine eigene Rolle, seine Lebensaufgabe, sein »Karma«, wie er vermeinte, sich selber begreifbar zu machen versuchte. Er sah sich durchaus als einen Gestiefelten Kater, und er empfand sogar nicht wenig Stolz bei dieser Selbstkennzeichnung. Deutlich aber war ihm die Not und die Angst, die es ihn in Kindertagen gekostet hatte, sich zu dem zu entwickeln, was er heute war. Wollte man ihm Glauben schenken, so hatte er damals schon ganz einfach nicht die Zeit gefunden, sich um seine eigenen Gefühle und Gestimmtheiten zu kümmern. Seine »formative Phase«, wie er es, archäologisch interessiert, nannte, war die Nachkriegszeit gewesen. Sein Vater war im Krieg geblieben, seine Mutter mußte 1945 mit ihrem Jungen aus Schlesien fliehen; der aber war, siebenjährig, bereits alt genug, um für seine Mutter Verantwortung zu übernehmen.

Stets wenn sie sich niedergeschlagen und hoffnungslos fand, munterte er sie auf, indem er auf dem Schwarzmarkt für ein Stück Kleidung oder für eine Schachtel Zigaretten ein Säckchen Kohlen für den Kanonenofen ihrer Ein-Zimmer-Wohnung oder eine Seite Speck für das Abendessen »organisierte«. Das Repertoire seines Könnens erstreckte sich dabei vom dreisten Diebstahl über fein gesponnene Trickbetrügereien, mit denen er durchkam, weil man sie einem so kleinen Kerl noch gar nicht zutraute, bis zum ganz gewöhnlichen Tauschhandel in Naturalien. Ein Schuldgefühl empfand er nie; denn was immer er tat, war geheiligt durch seine Zielsetzung, der Mutter nicht als ein unnützer Brotesser noch zusätzlich zur Last zu fallen, sondern ihr und damit zugleich auch sich selbst aus der Klemme zu helfen. Die beste Rechtfertigung für seine Beutezüge bestand in dem dankbaren Lachen, mit dem seine Mutter die Mitbringsel quittierte, die er abends vor ihr auf dem Tisch ausbreitete. »Eigentlich«, sagt er heute von sich, »besitze ich die Energie eines Einbrechers und Pferdediebs; und das ist wohl auch der Grund für meine Berufswahl: Irgendwie fühle ich mich verwandt mit den ›Knastbrüdern‹ und ›Knackis‹, die ich betreue. Ich kann sie so gut verstehen, und ich möchte ihnen helfen, wie ich damals meiner Mutter helfen mußte. Der ›Rechtsstaat‹ kann mich mal. Irgendwie muß doch jeder sehen, wie er sich durchschlägt.« Was ihn als Sozialarbeiter auszeichnete, war diese merkwürdige Mischung von Durchtriebenheit und Redlichkeit, von Schlitzohrigkeit und Noblesse, von innerem Chaos und tiefer Sehnsucht nach Anerkennung und Wertschätzung.

Allerdings: die nächsten Schritte auf dem Wege einer kapitalistischen Unternehmerkarriere hatte er in seiner Tätigkeit nicht mehr durchlaufen müssen; er hatte seiner Mutter niemals etwas mitgebracht, das diese nicht alsbald hätte gebrauchen (»konsumieren«) können, und so vermochte er die düsteren Hintergründe seiner Erinnerungen in sozial hilfreiche Aktionen zu integrieren, statt sie als Kampfmittel zu systematisieren; ein Gestiefelter Kater hingegen hat gerade zu lernen, auf die eigenen Bedürfnisse und Wünsche weitestgehend Verzicht zu tun und statt dessen die natürlichen Neigungen der anderen sich zunutze zu machen, um sie, ganz wörtlich, »in den Sack zu stecken«. Denn so in etwa läßt sich *das dritte* »*Gesetz*« einer kapitalistischen Vorgehensweise charakterisieren: Locke die anderen mit ihrer Gier nach unverzüglicher Bedarfsdeckung wohlkalkuliert in die Falle.

Der Unterschied dieses »Gesetzes« zu den »Tauschgesetzen« des Schwarzmarkts etwa ist deutlich: Wenn jener Sozialarbeiter als Kind in einem Gebrauchtwarenladen einen Rasierapparat, ein Taschenmesser und einen Schraubenzieher »mitgehen« ließ oder – wie es damals auch hieß – wenn er sie »englisch einkaufte« (also in aller Welt klaute und plünderte wie die »Tommies«) und sein Hab und Gut hernach gegen ein Graubrot, eine Dauerwurst oder ein Paar Strümpfe »versetzte«, so lag ihm an der erworbenen Ware um ihres Gebrauchswertes wegen; – der ganze Schwarzmarkt lebt(e) von den unterschiedlichsten Bedürfnissen der Marktteilnehmer und deren unmittelbarer Befriedigung. Zu einem »Kapitalisten« aufsteigen und dabei »sich eine goldene Nase verdienen« indessen kann nur, wer nicht mehr zur Deckung des Eigenbedarfs auf den Markt drängt, sondern wer es sich zu leisten vermag, Waren einzukaufen und zu verkaufen, einzig um einen Profit dabei zu erzielen[23]. Was einen Kapitalisten interessiert – wir wiederholen uns –, ist nicht der Gebrauchswert der Ware, sondern ihr Tausch- oder Handelswert; nicht was man mit dem Warenkörper machen, sondern was man für ihn bekommen kann, zählt; und was er bekommen will, ist nicht ein neuer Gegenstand, sondern eine möglichst hohe Gewinnspanne zwischen Einkauf und Verkauf, »realisiert« in der Geldform als der letzten »Realität« allen Handels und alles Handelns. Insofern kommt es als erstes darauf an, die natürlichen (oder künstlich geweckten) Bedürfnisse und Begehrlichkeiten möglicher »Abnehmer« dafür zu instrumentalisieren, um sie nach Kräften »auszunehmen wie eine Weihnachtsgans« – oder eben: wie ein Rebhuhn.

und drehte ihnen den Hals um

Das Märchen vom *Gestiefelten Kater* schildert diese Prozedur in ungewöhnlich drastischer Form: Geschickt präpariert der Kater einen korngefüllten Sack mit einer Schnur als Falle für die Rebhühner, von denen er weiß, daß der König sie *so gern* ißt; doch diese Tiere sind derart scheu, daß die Jäger sie mit ihrem Ungestüm nicht zu erreichen verstehen, und genau darin nun erblickt der Kater die Gunst der Stunde: Statt die Tiere zu schießen, muß man sie locken.

Daß eine Katze (Reb)Hühner bejagt, wäre gewiß nicht weiter bemerkenswert; niemals noch aber hat man einen Kater gesehen, der ein Rebhuhn mit Futter lockt, und das noch nicht einmal, um es selber zu fressen, sondern um es großzügig dem Größten im Staat zum Geschenk zu machen. Doch gerade diese Vorgehensweise hat Methode. Um erfolgreich zu sein, weiß unser »Meisterkater«, muß er seinen eigenen »Appetit« vollkommen zügeln; nicht was *ihm* schmackhaft ist, steht hier zu fragen, einzig was seine möglichen Beutetiere gerne fressen, kann als Köder dienen, um sie einzufangen; – einzig was der König gerne ißt, kann als Köder dienen, um *ihn* sich gefügig zu machen. Deutlicher ist das »Prinzip« des Konsumverzichts als die Basis aller weiteren wirtschaftlichen Aktionen nicht darzustellen: Es gilt, sich selbst die Erfüllung der eigenen Wünsche (den Beutefang von Vögeln und Hühnern) zu versagen, um mit quasi »technischen« »Produktionsmitteln« möglichst vielen anderen das zu ermöglichen, was man selber nur allzu gerne täte: die eigenen Wünsche zu befriedigen und Rebhühner zu verzehren. Auch die arglistige Grausamkeit, mit der die – gemeinhin für »dumm« geltenden – Hühner in des Katers Sack gesteckt werden, gehört ganz und gar zu den »Prinzipien« einer kapitalistischen Wirtschaftsordnung: Mitleid und Rücksicht sind durchaus keine Begriffe, auf welche die Meßfühler dieses »Erfolgssystems« reagieren würden. – In der Sprache unseres Märchens: Jemand, dem selber das Fell abgezogen zu werden droht, muß halt anderen den Kopf umdrehen: »So ist das nun mal.« Vermeintlich. Für Solidarität und Schonung ist da kein Platz. Und wir begreifen, daß mit dem Auftritt des »Gestiefelten Katers« die »Tierheit« Einzug hält in die Menschheit. Von »Sozialdarwinismus« kann man auch sprechen, indem das »Gesetz« der Biologie von der »Selektion der Fittesten« Platz greift in einer Wirtschaftsform, die unter dem Trug, der Freiheit zu dienen, allen Marktteilnehmern den Zwang zu einer permanenten Vernichtungskonkurrenz auferlegt.

Doch weiter noch bewegt die Logik eines »Meisterkaters« sich in eine Richtung, die nicht gerade als wesenskonstitutiv für ein kapitalistisches Handeln gelten darf, obwohl sie doch – en passant – sich als überaus opportun darbietet: das »Prinzip« der Abkürzung auf dem Weg zum Erfolg über das probate Mittel der Bestechung.

Immer von neuem zeigt sich der gewöhnliche Bürger irritiert, konsterniert, gar »geschockt«, wenn er in der Zeitung wieder einmal von den Machenschaften bestimmter Konzerne (vornehmlich der Rüstungsindustrie), aber auch einzelner Firmen erfährt, dazu bestimmt, die »Mächtigen« mit verlockenden Angeboten zu »schmieren«, um an besonders lukrative »Aufträge« heranzukommen: ein Landhaus auf Mallorca, Sex-Partys in Rio, Bordell-Besuche in Köln oder ganz einfach »Cash« – all das gehört offensichtlich zu den Usancen des Wirtschaftslebens. Das Argument, das im Zweifelsfall immer zugunsten des »Besten« »sticht«, ist nun mal die Bestechung. Verboten scheint nicht, auf diese Weise »erfolgreich« zu sein; lediglich wenn die Sache auffliegt, wird's peinlich; dann muß man versuchen, durch einen »Deal« mit den Gerichten sich auf einen »Vergleich« zu einigen...

Auf den Tugendpfaden solcher »politischen Landschaftspflege« sehen wir nun auch den gestiefelten Kater vorwärts marschieren – gerad hin zum »König«. Das beste, was einem kapitalistischen Wirtschaftsunternehmer passieren kann, ist die Protektion durch einen »Mächtigen«. Hat politische Macht sich je auf etwas anderes gegründet als auf die Wirtschaftsmacht des Geldes? Und konnte je sich Wirtschaftsmacht behaupten ohne den »Zuschlag« der »Mächtigen«? Freilich, wenn schon die »Freiheit« des »freien« Marktes als nichts weiter erscheinen muß denn als eine pure Illusion oder als eine mutwillige Mystifikation, so muß auch die »Macht« der »Mächtigen« lediglich als eine pompöse Umschreibung für »Abhängigkeit« und »Lobbyismus« erachtet werden: die da »Mächtigen« sind käuflich, um an die Macht zu kommen, und sind sie an der Macht, so müssen sie den Interessen derer dienen, die sie eingekauft haben[24]. Wie viele Millionen Dollar etwa kostet es, Einzug zu halten ins Weiße Haus? Antwort: Etwa 250 Millionen. Und wie viele Dollar kostet es, Bürgermeister in New York zu werden? Antwort: Etwa 50 Millionen. Und wieviel Geld kostet es, Ministerpräsident von Italien zu werden ... oder Kanzler von Deutschland ... oder von wo eigentlich nicht? Und wenn man erst einmal an der Macht ist, muß man selbstredend die Interessen der »Sponsoren« von einst – etwa der Vertreter der Rüstungsindustrie, der Erdölindustrie, der Atomindustrie sowie potenter ideologischer Vertreter aus den Kirchen, aus dem »Bibelgürtel«, aus dem Lager der Neo-Konservativen, aus der Fraktion der Nationalchauvinisten oder aus was für Gruppierungen auch immer – gebührend berücksichtigen ...

Ganz analog kalkuliert der gestiefelte Kater: Kaum hat er eine genügende Anzahl von Rebhühnern eingesackt, da begibt er sich zu seiner Majestät, dem König, und schmeichelt dessen Gaumen mit dem gefangenen Geflügel, das gesotten und gebraten ihm einen solchen Genuß zu bereiten verspricht. Die Vorgehensweise ist in jeder Hinsicht kabarettreif, und sie würde nie und nimmer »zulässig« sein, nähme *die Wache* den Fall wirklich ernst. Doch gerade die unglaubliche Humoreske oder Burleske seines Auftritts öffnet dem gestiefelten Kater Tür und Tor auf dem Weg zum »König«. Stets, wenn schließlich ruchbar wird, wie gewisse »Strippenzieher« das Spiel um Einfluß und Macht mal wieder zu »triggern« verstanden haben, bricht allzumeist ein großes Gelächter aus ob der Dummdreistigkeit des Vorgefallenen, und man fragt sich erstaunt, wie »so etwas« möglich gewesen sein könnte. Es war wirklich nur möglich, weil der »gesunde Menschenverstand« es für unmöglich hielt. Den Beteiligten selbst, auch der Wache, erscheint das Ganze nicht als Betrug an der Grenze zum Kriminellen, – es handelt sich, augenzwinkernd versichert man sich dessen, anscheinend nur um einen Riesenspaß, um eine Abwechslung von der alltäglichen Langeweile: endlich ist mal »richtig was los«. Indes darf man nicht vergessen, daß aus der Sicht des Katers selbst die ganze Angelegenheit alles andere als etwas Vergnügliches darstellt.

ARTHUR SCHOPENHAUER (1788–1860) meinte einmal, jede Lüge sei ein Akt der Gewalt und müsse für ebenso legitim wie illegitim gelten als die Anwendung von Gewalt überhaupt[25]. Für den Kater, der sich vom Tode bedroht fühlt, besteht die ganze Welt nur aus Gewalt: in einem Ausmaß, daß es um Recht oder Unrecht schon gar nicht mehr geht, geht es für ihn ums bloße Überleben; und da er nicht über die Machtmittel verfügt, sich mit physischer Gewalt durchzusetzen, bleiben ihm nur List und Lüge als die (intelligenten) Waffen der Ohnmächtigen. Doch aufgepaßt! Die Frage stellt sich hier schon, was passiert, wenn, wie das Märchen es schildert, diese strammen Stiefeltreter, diese Zehenspitzenläufer, diese Witzfiguren, die man niemals so recht ernst nehmen möchte, nach dem Vorbild des gestiefelten Katers tatsächlich an die Macht kommen.

Der Sioux-Schamane TAHCA USHTE (Lame Deer, Anfang 20. Jh.– 1977) erzählte einmal, eine der Lieblingsgeschichten seines Volkes sei die Erzählung von dem Spinnenmann *Iktome* gewesen, »der jedem Streiche spielte« und dessen Vorgehensweise an dieser Stelle der des gestiefelten Katers äußerst ähnlich sieht. »Eines Tages« nämlich »ging dieser Spinnenkerl an einem See spazieren, auf dem Wildenten schwammen. Als er die Vögel auf dem Wasser sah, bekam er plötzlich Appetit auf einen Entenbraten. Er füllte seinen Ledersack mit Gras und zeigte sich dann den Enten. Als sie ihn wahrnahmen, fingen sie an zu quaken: ›Wohin gehst du, Iktome?‹ – ›Ich gehe zu einem *powwow* (sc. einem Stammestreffen, Tanzfest, d. V.).‹ ›Was hast du in deinem Sack, Iktome?‹ – ›Da habe ich Lieder darin für das powwow, der Sack ist voll von Liedern, zu denen man gut tanzen kann.‹ – ›Warum singst du nicht einige Lieder für uns?‹ bettelten die Enten. – Der ausgekochte Spinnenmensch zierte sich sehr, tat, als sei es ihm unangenehm. Er sagte den Enten, er hätte keine Zeit sich aufzuhalten, tat aber schließlich so, als gebe er doch nach, weil sie so nette Vögel seien. ›Also gut‹, sagte er, ›ich werde für euch singen, aber ihr müßt mir dabei helfen.‹ ›Sag uns, was wir tun sollen‹, antworteten die Enten. – ›Ihr müßt drei Reihen bilden. In der vorderen Reihe versammeln sich alle fetten Enten. Ihr Fetten da, hierher mit euch. In der zweiten Reihe kommen alle, die weder fett noch mager sind, halt die, die dazwischen liegen. Und die armen dürren Gesellen gehen in die dritte Reihe da hinten. Und ihr müßt alle genau den Worten der einzelnen Lieder folgen. Im ersten Lied heißt es zum Beispiel: ‚Schließt eure Augen und tanzt!‘ – Die Enten schwammen alle aufgereiht, hielten die Augen geschlossen und flatterten mit den Flügeln, die fettesten schwammen dem Ufer am nächsten. *Iktome* zog einen dicken Prügel unter seinem Mantel hervor. ›Singt so laut ihr könnt‹, befahl er ihnen, ›und haltet die Augen geschlossen. Wer guckt, der wird blind werden.‹ Immer wieder spornte er sie zum Singen an, damit ihre Stimmen die dumpfen Schläge seines Prügels übertönten, wenn er ihnen eins überzog. Eine Ente nach der anderen zog er an Land, er war fast bei der Hälfte angelangt, als eines der dünnen Viecher ganz hinten die Augen aufmachte und sah, welchem Tun *Iktome* nachging. – ›Hey, wacht auf!‹ schrie sie. ›Dieser *Iktome* bringt uns alle um!‹ – Die übriggebliebenen Enten rissen ihre Augen auf und hauten ab. *Iktome* kümmerte das wenig; er hatte bereits mehr fette Enten, als er essen konnte.«[26]

Was diesen *Iktome* von dem gestiefelten Kater unterscheidet, ist in gewissem Sinne seine noch ein wenig listigere Vorgehensweise: nicht die Nahrungsgier der Enten macht er sich zunutze, sondern ihre »Sangeslust« – sie sollen so tüchtig »feiern«, daß ihre Lieder die Tötungsgeräusche des Prügels übertönen, mit dem sie erschlagen werden; – das »Volk« offenbar soll sich »zu Tode amüsieren«, während man es einsackt. Und diese Taktik erreicht beinahe ORWELLsches Format: »Wer guckt, der wird blind werden.« Man muß die Augen nur lange genug vor der Wirklichkeit verschließen, aus Angst, bei ihrem Anblick Schaden zu nehmen, und man ist reif für die Jagdkünste eines solchen *Iktome*. »*Iktome* ist genauso wie diese großmäuligen Politiker, die mit Geschwätz Geschäft machen«, kommentierte TAHCA USHTE denn auch seine Geschichte, – die »uns auffordern, unsere Augen zu schließen und zu singen und zu tanzen, währenddessen sie uns auf den Kopf hauen. Ob demokratische Enten oder republikanische Enten (sc. die Abgeordneten der beiden politischen Lager im Senat und im Repräsentantenhaus der USA, d.V.), da gibt es keinen Unterschied. Die fetten und dummen sind die ersten im Topf (sc. weil sie als die gierigsten die bestechlichsten und korruptesten sind, d.V.). Es ist immer die klapperdürre Proletenente, die nicht zählt, die ganz unten, die ist es, die nicht still hält. Das sind die richtigen Indianer, die ihre Augen offenhalten.«[27]

Wenn es wenigstens so wäre! Im Märchen vom *Gestiefelten Kater* ist es einfach der Hunger der »Tiere«, der sie in den Sack des Meisterkaters lockt – und »fressen« will schließlich ein jeder, der »klapperdürre« am ehesten. Die ganze »Kunst« des Katers besteht deshalb einzig darin, daß er sich seinen *eigenen* »Hunger« verbeißt, um mit seiner Beute die Gaumenlust der »Mächtigen«, des »Königs«, zu befriedigen.

dem König hab ich auch gesagt, daß du ein Graf bist

Vergessen wir nicht: ein Gestiefelter Kater versteht sich ganz und gar als das »Hilfstier« seines »Herrn«. Es ist eine Rolle, wie sie bei PIERRE AUGUSTIN CARON DE BEAUMARCHAIS (1732–1799) der intrigante, mit allen Wassern gewaschene *Barbier von Sevilla* (1775) gegenüber dem spanischen Edelmann Almaviva spielt[28], bis auf den einen entscheidenden Unterschied, daß der Kater den Grafentitel seines Herrn allererst »erfinden« muß – *einen langen und vornehmen Namen,* wie die BRÜDER GRIMM versichern, um zu vermeiden, die Titulatur des »Marquis de Carabas« von CHARLES PERRAULT gar zu offensichtlich hier einzusetzen. »Die Wirklichkeit ist, was wir machen«, ließ »der mächtigste Mann der Welt« (George W. Bush) im Jahre 2005 die Menschheit wissen. Ist es noch für eine »Lüge« zu erachten, wenn in der Sprache der »Realisten« bloße »Wünschbarkeiten« und schlichte »Optionen« für »wirklich« ausgegeben werden? Wenn man Absichtserklärungen für die »richtige« Weltsicht erklärt? Wenn man gegen alle Wirklichkeit die eigene Wahnwelt zu verwirklichen sich vornimmt? Nicht was ist, – wie man es sich wünscht, gilt da als wirklich; nicht was man vorfindet, bildet den Fixpunkt, sondern was man im Kontrast dazu erfindet; die »Vision«, nicht die Wahrnehmung der Wahrheit gibt da den Ausschlag. Die »Lüge« in der Gegenwart ist unter solchen Umständen nur die Vorwegnahme der Zukunft ... – legitim also im Falle des Siegs, ein »Verbrechen« nur im Falle der Niederlage. Und tatsächlich: wie soll es dem »König« hier möglich sein, zwischen bloßer Propaganda und programmierter Projektion zu unterscheiden? Was dieser Kater als Wirklichkeit vorgibt, ist in jedem Falle das, was er zu schaffen sich vornimmt: sein Herr – der Graf! Je öfter er seine »Rebhühner« vergoldet, desto näher gelangt er ans Ziel ...

Man könnte nun meinen, die »Vergoldung« der eingesackten »Rebhühner« müsse nur eine Zeitlang noch weitergehen, dann sei der Meisterkater am Ziel; doch so ein Adelstitel allein ist ihm nicht genug für seinen »Herrn«, – schließlich verbessert sich mit dessen Position auch sein eigener Posten. Es gibt kein Halten vor dem Gipfel: nur das Äußerste, das Höchste, das Maximale kann in einem System der Konkurrenz auf Leben und Tod als überlebenswert gelten. Aus dem »Marquis de Carabas« muß deshalb der künftige König werden, und um das zu erreichen, ist es nötig »einzuheiraten«, das heißt, eine Vermählung zu arrangieren, die als das finale Entree in das Dasein der Schönen und Reichen gelten darf.

An sich mag, wie im Märchen von *Riquet mit dem Schopf*, die Liebe als diejenige Kraft gelten, die auch in dem äußerlich wertlosen Menschen die wahre Würde und Schönheit zu entdecken vermag; das Märchen von dem *Gestiefelten Kater* hingegen zeigt gerade, wie auch die Liebe zu einem Teil des »Kuhhandels« werden kann. Bereits TIECK setzt die »Kaninchen«, die des Königs »Jäger« nicht zu erjagen verstehen, zu den möglichen Ehemännern in Beziehung, deren die »Königstochter« ermangelt[29]; umgekehrt gilt der »Geschmack« des Königs an der Beute des gestiefelten Katers von vornherein als eine Art »Vorgeschmack« auf die Hochzeit der Tochter, und man versteht: als Ehemann in Frage kommt nur, wer sich als Gaumenkitzel-Beschaffer Seiner Majestät schon unter Beweis gestellt hat. Die »Liebe« ist da ein pekuniäres Genußmittel, nicht mehr und nicht weniger, und um sie »attraktiv« zu machen, bedarf es allererst jener erschwindelten adligen Geburt, jener »Blaublütigkeit« von Natur, jenes Titels eines »Marquis de Carabas«! Er als ein solcher also erzeigt sich erkenntlich als »Herr« des Gestiefelten Katers... Ein Riesen-Betrug, doch ein Riesen-Beitrag zur »Hofhaltung« Ihrer Majestät... *Du hast zwar jetzt Geld genug, aber dabei soll es nicht bleiben*, – erklärt der Gestiefelte Kater seinem »Herrn«, und er zeigt sich willens, das neue Haben in ein neues Sein umzuwandeln.

Alles im Leben eines Menschen kann verändert werden durch die Liebe. Wann immer die Märchen von »Prinzessinnen« und »Königen« sprechen, so meinen sie damit eine Person, der man die ganze Welt zu Füßen legen möchte, weil man ihr die höchste Wertschätzung entgegenbringt, und zwar nicht für das, was sie besitzt, sondern einzig für das, was sie ist. Wer einen anderen Menschen zu lieben beginnt, verlangt danach, ihn immer mehr und immer unverstellter kennenzulernen; all die Verhüllungen und Verstellungen, die bis dahin vielleicht nötig schienen, verlieren zunehmend ihre Schutzfunktion; – man kann und man braucht dem Geliebten, der Liebenden nichts mehr vorzumachen, man darf sich erlauben, wahrhaftig zu werden, in dem Wissen, daß der andere auch die bestehenden Schwächen und Fehler nicht verurteilen wird. In jeder Liebe lebt deshalb ein Stück von dem verlorenen Paradieseszustand der Menschheit, da der Mann und die Frau, wie die Bibel berichtet, »beide nackt waren und sich nicht schämten«. (Gen 2,25)[30] Ja, es gibt noch Kulturen am Rande unserer »Zivilisation«, die gerade dieses zentrale Moment der Begegnung zwischen zwei Menschen zu einem eigenen Ritual der Vermählung geformt haben, – als Beispiel dafür können noch einmal die nordamerikanischen Sioux-Indianer dienen.

In ihrer berühmt gewordenen Saga *Hanta Yo* (»Macht den Weg frei«), die das Leben der beiden Häuptlinge Olepi und seines Sohnes Ahbleza und ihrer Familien zwischen 1769–1835 erzählt, als die Indianer noch friedlich und im Einklang mit den Rhythmen der Natur zu leben vermochten, schildert die amerikanische Journalistin RUTH BEEBE HILL neben den Kriegszügen und Jagden auch eine Vielzahl von Zeremonien, die den Alltag der Dakotas begleiteten; darunter in einer ergreifenden Szene den Akt der Selbstentleerung, mit dem Ahbleza sich auf seine Rolle als Medizinmann vorzubereiten sucht: »Wirf alles von dir; fange von neuem an«, hatte man ihm gesagt. »Wirf alles von dir; betrachte dich als neu geboren.« »Wirf alles von dir; erneuere dich ganz.« Und so handelt Ahbleza: »das Volk soll ... in ihm einen Mann sehen, der sich prüft, der alles von sich wirft, fortwirft, wegwirft, all seine Habe. Darunter auch alle Gedanken, die andere ihm anboten, jeden und alle Gedanken, die nicht aus ihm selbst stammen. – Er wird alle Gewänder und Häute fortgeben, um so keinerlei Bedeckung ... zu besitzen. Er wird alle Pferde weggeben, um von nun an zu Fuß zu gehen. Und auch seine Mokassins wird er bis auf ein letztes Paar fortgeben. – Fortgeben wird er auch Speere, Bogen, Messer, alle Waffen bis auf seine Hände. Wahrlich alles wird er geben, bis er nichts weiter besitzt als seine eigene nackte Person. Und dann wird er sich von jedem und allem trennen, was von außen Einfluß auf diese nackte Person nimmt. – Ich werde mit meiner Nacktheit leben, hatte der Krieger sich gesagt, irgendwo außer Sichtweite des Lagers, bis mir der Sinn von Reinheit aufgeht, was immer dies sein mag. Ich bin auf der Suche nach etwas, das mich von meiner Ganzheit überzeugen soll. Denn erst wenn ich weiß, daß ich mir selbst wahrhaft treu bin, darf ich mich als ein Sinnbild der Standhaftigkeit empfinden«.

Ahbleza tut alle Dinge von sich, er verzichtet auf seinen gesamten Besitz, er wählt freiwillig die Nacktheit, um seine Wahrheit zu finden, und gerade so, als ein wahrhaftiger, wird er von seiner Geliebten, von Heyatawin, gefunden, in einer seltsamen Mischung von Beschämung und Stolz, von Erotik und Ehrlichkeit. »Als er weiterging, vernahm er Schritte hinter sich, Schritte einer Frau. Und nun übergoß ihn sein gänzliches Nichts-Haben mit dem Feuer der heißen Scham. Er hatte diese Möglichkeit unbedacht gelassen; als er das Lager verließ, hatte er die Erinnerung an dieses Mädchen, das er zu seiner Frau zu machen beabsichtigte, ebenso wie alles andere, was er besaß, beiseite getan. – Aber warum kommt sie? Sie weiß, daß er ihr nichts zu bieten hat. Er verschloß seine Ohren vor ihren eilenden Schritten und dem Flattern ihres Gewandes. – Dann plötzlich stand sie vor ihm, blickte ihm ins Gesicht, wobei ihre Augen verrieten, daß nichts an ihm ihr Erbarmen weckte. Sie gab vielmehr ihre Person in seine Hände, schenkte sich ihm als Ersatz für alles, was er von sich geworfen hat ... – Sie folgte ihm. Und so hielt er inne, bis sie ihn eingeholt hatte. ›Du siehst mich, meine Schwester. Ich bin nicht der, den du ... Sieh meine Niedrigkeit. Sieh mich als einen, der nichts hat.‹ – ›Ich sehe nichts Niedriges an dir, mein Herz‹, gab sie zur Antwort. – Und jetzt, da seine Augen sich auf seltsame Weise füllten, wandte Ahbleza sich von ihr ab, um seine Tränen zu verbergen. ›Ich ging nackt aus, um den Sinn von Ganzheit zu ergründen ... vielleicht, um zu beweisen ...‹ – ›Beweisen? Du selbst bist der Beweis. Ich danke dir, mein wahrer Freund, daß du mich an deiner Anwesenheit teilhaben läßt, mir diesen Blick auf dich gestattest. Ich sehe Augen, die nicht von Tränen überfließen, sondern von schimmerndem Geist. Ich bin Frau und weiß es.‹ – Ahbleza ... spürte etwas wie Erfüllung, etwas wie Wärme in sich, als fände er dort einen ihn aufnehmenden Ort, an den er zurückkehren wird, wann immer er außen Mangel empfindet. Nie zuvor waren ihm Geben und Empfangen so sehr als etwas erschienen, das einem Wunder gleichkam.«[31]

Dieses »Wunder« wechselseitiger Ergänzung ist die Liebe; dieses Vertrauen, schutzlos und »nackt« sein zu dürfen in den Augen des anderen, ohne Spott und Kritik fürchten zu müssen, begründet die Liebe; diese sensible Sehnsucht nach der wahren Schönheit des anderen beweist und bewahrt die Liebe. – Doch dies nun vor Augen, müssen wir uns das Possenstück anschauen, mit dem unser »Meisterkater« seinen Herrn mit des Königs Tochter zusammenzubringen beabsichtigt. Im Grunde sind die Weichen längst so gestellt, daß die bisherige Farce forciert nur noch so weitergehen kann wie begonnen: Die »kleinen« trickreichen Lügen fügen sich zu einer einzigen »Großveranstaltung« zusammen, die einem bombastischen Finale entgegentreibt.

Warum soll der Müllerssohn die Königstochter heiraten? Nicht, wie ansonsten im Märchen, weil er sie liebt, sondern um nach des Katers Willen mit der größten Macht und dem größten Reichtum im ganzen Reich ausgestattet zu werden. Warum soll er sich vor dem König und der Königstochter nackt zeigen? Nicht, wie soeben noch, weil Liebe schutzlosen Vertrauens bedarf, sondern um schon mal im voraus an des Königs Kleider zu gelangen. Warum soll er in des Königs Kutsche zwischen Vater und Tochter zu sitzen kommen? Nicht, wie sie selber denken, aus Dankbarkeit für die Wohltaten eines Edelmannes, sondern weil in atemberaubendem Tempo des Katers Lügen ihrem endgültigen Erfolge entgegeneilen sollen.

Daß jemand Weh und Ach schreit für einen Diebstahl, den er selbst begangen, darf im politischen Leben noch für »normal« gelten: Wird irgendein Minister oder Ministerpräsident, auf den der Verdacht der Lüge oder der Vorteilsnahme oder der Bestechlichkeit oder des Gesetzesbruches fällt, von sich aus irgend etwas dazu beitragen, die Angelegenheit aufzuklären? Mitnichten. Er wird sich drehen und wenden, nach Ausreden suchen, sich an nichts mehr erinnern können, jede Verantwortung von sich weisen, sich als das Opfer infamer Beschuldigungen darstellen, dafür sorgen, daß lang schon gespeicherte Skandalinformationen in die Öffentlichkeit lanciert werden, um einzelne seiner Gegner »bloßzustellen« und so von seinen eigenen Schandtaten abzulenken, er wird die Dinge »aussitzen«, er wird gerade so viel zugeben, wie unumstößlich bewiesen wurde, und er wird die ihm gewogenen Presseorgane anweisen, die Vorkommnisse »angemessen« und »im rechten Lichte« darzustellen ... Ja, *allergnädigster König,* es ist ein Akt reiner Menschenliebe, den Herrn dieses Katers, das arme Opfer eines hinterhältigen Diebstahls, nicht *sich verkälten und sterben* zu lassen!

Und neben dem nötigen Mitleid weckt der Anblick des nackten Müllerssohnes auch noch das erforderliche Wohlgefallen der Königstochter, ist doch dieser *Graf,* für den sie ihn wähnt, *jung und schön,* so daß er *ihr recht gut* gefällt. Es dürfte tatsächlich wohl gerade dieses Ergebnis sein, das der Kater mit der witterungsmäßig offenkundig zur Unzeit eröffneten Badesaison für seinen »Herrn« zu erzielen sucht. Wäre es ihm bloß um die schönen königlichen Kleider gegangen, so hätte er längst schon den armen Müllerssohn mit all dem »Fasanengold« auf Staatskosten vortrefflich ausstaffieren können; ihm jedoch geht es um das Herz der Königstochter: nicht der Wahrheitssuche dient die Nacktheit seines Herrn, nur der Verlockung dieses Mädchens. Rebhühner fängt man mit Körnern, weiß dieser Kater, junge Gänse, für welche mancher Macho Mädchen nun mal hält, mit dem Anblick nackter Männer; also inszeniert er eine Szene wie in einer Ladies-Night-Show, doch ohne die moralische Zweideutigkeit offenbar werden zu lassen: Nicht entfernt darf die Königstochter ahnen, daß sie verführt und hereingelegt werden soll, – der Müllerssohn muß »baden gehen«, um ihr als ein bemitleidenswertes Diebstahlsopfer zu erscheinen; keinen Augenblick darf sie denken, daß man ihre Zuneigung nur erwirbt, um eine Stellung an ihres Vaters Hof zu ergattern; und vor allem: man muß sie täuschen darüber, mit wem sie es in Gestalt des Mannes eigentlich zu tun hat, der jetzt bereits neben ihr in der Kalesche sitzt. Und da nun wird selbst unserem Meisterkater ein echtes Meisterstück an Lug und Trug um des Erfolges willen abverlangt.

so antwortet: dem Grafen

Im Deutschen gilt das Sprichwort: »Lügen haben kurze Beine.« Irgendwann, so steht zu erwarten, wird ein chronischer Lügner sich in Widersprüche verfangen; – selbst bei einem guten Gedächtnis wird er nicht alle Konsequenzen seiner Täuschungsmanöver gleichermaßen und zu jeder Zeit berücksichtigen können. Vor allem: je größere Kreise seine Lügen ziehen, desto sicherer werden sich Menschen finden, die um die Wahrheit wissen und deren Zeugnis auf der Stelle alles Erreichte zum Einsturz bringen muß. Je weiter jemand im Dunstkreis der Lüge voranschreitet, desto schwankender mithin wird der Boden unter seinen Füßen. Und daraus folgt: der Erfolg jeder Lüge ist gepaart mit der wachsenden Angst vor Entdeckung. Dagegen gibt es – neben »eisernen«, das heißt: schizoid genug gekühlten Nerven – nur ein einziges Mittel: alle Mitmenschen in eine solche Angst zu versetzen, daß sie die Wahrheit, die sie nur allzu gut kennen, bewußt verlügen.

Genau so verfährt ein »Meisterkater«: er geht seinem Herrn (immer ein Stück) *voraus*, und in diesem seinem »vorauseilenden Gehorsam« macht er alle und jeden angstgefügig seinem Herrn. Wohin immer er kommt, erklärt er den Leuten, daß alle Wiesen, Felder und Wälder nicht, wie sie glauben, jenem ominösen *großen Zauberer* gehören, sondern *dem Grafen*; zumindest müssen sie sich gegenüber dem König, wenn er *bald vorbeifahren* und fragen wird, in diesem Sinne erklären; denn wenn sie so nicht tun, werden sie *alle totgeschlagen*.

Bislang mochte es so scheinen, als handle es sich bei den Flunkereien und Gaunereien des Katers um eine Art von Kavaliersdelikt, das sich mit Wohlwollen quittieren und mit Vergnügen goutieren ließe. Jetzt aber zeigt sich, wie aus der Lüge als einer Form der Gewalt unaufhaltsam die Gewalt als eine Form der Lüge hervorbricht. Spätestens wenn wir die Sphäre des Privaten in Richtung des Politischen verlassen, erleben wir mit, wie die Angst, die in der Lüge steckt, zur Angst wird, welche die Lüge verbreitet, und sie tut es in den Worten des Gestiefelten Katers in einer nicht anders denn als terroristisch zu bezeichnenden Weise. Dieses Untier, das in seinen Stiefeln von Anfang an ein quasi militaristisches Regime der Abschreckung zu verkörpern gesonnen schien, tritt nun auf, alle diejenigen mit der Todesstrafe zu bedrohen, die sich nicht, gleich ihm, zur Lüge bereit finden.

In gewissem Sinne schließt sich damit der Kreis: Der vom Tode Bedrohte erhält sich am Leben, indem er alle anderen mit Hilfe der Todesdrohung in eine Komplizenschaft der Lüge zwingt. Der »Meisterkater« erspart sich die eigene Angst, indem er sie anderen auferlegt.

Erneut könnte man geneigt sein, solches lesend, sich lächelnd zurückzulehnen und den Einfallsreichtum dieses Filous von Katze zu bewundern: – alles ist »nur ein Märchen«, also doch »harmlos« ... Aber so verhält es sich keinesfalls. Was das Märchen beschreibt, ist nur zu offensichtlich unser ganz gewöhnlicher politischer Alltag. Wie kann es gelingen, in aller Öffentlichkeit die Wahrheit zum Schweigen zu bringen, um wie aus *einem* Munde der Lüge das Wort zu reden? Die Antwort darauf ist einfach, – sie läßt sich finden in den Redaktionsstuben der Zeitungen, in den Sendeanstalten von Rundfunk und Fernsehen, in den Zentralen der journalistischen Aufbereitung der Tagesnachrichten; sie ist sprichwörtlich und wird von den »Geistschaffenden« selbst als die »Schere im Kopf« bezeichnet. Weniger bewußt, nach klaren Anweisungen, als viel eher »instinktiv«, ahnt ein Journalist, wie er sich ausdrücken muß, um der *political correctness* zu genügen, um den Erwartungen der Herausgeber und der Kapitaleigner seiner Zeitung, seines Senders zu entsprechen, um nach allen Seiten hin »ausgewogen« sich zu äußern.

»Der Mut, Wirklichkeit zu erkennen und zu bekennen, hat uns verlassen«, schrieb ERICH KUBY bereits vor 40 Jahren. »Wir haben unter unserer Obrigkeit eine ganz erstaunliche Menge äußerst gerissener, gewitzter, schlauer Personen. Aber Schlauheit und Gerissenheit haben mit Denkfähigkeit nichts zu tun... – Man glaubt nicht einmal mehr, unsere Öffentlichkeit sei von sich aus imstande, sich ihr eigenes Urteil zu bilden, man kaut ihr vor, was sie fühlen soll, nicht denken darf... Wo hört man bei uns unter den öffentlichen Meinungsbildnern noch den Ton der Unbefangenheit? Wer schielt nicht nach rechts und links, bevor er den Mund aufmacht? Wer schreibt sozusagen nicht für den Inseratenteil? Wer nicht für den Bischof, für die Versicherungsgesellschaft oder für (eine) andere Autorität unserer Gesellschaft? Man zeige mir die Beispiele, und ich werde sagen, wo sie gefunden wurden: in Verstecken. In Blättchen mit kleinen Auflagen. Oder im Nachtstudio, gesendet um 23.30 Uhr, wenn das Volk schläft und nur die aus Kummer Schlaflosen wach sind. Aus Kummer und Ekel. Über ein geistig kastriertes Volk. – Man kann mit solchem Volk keine Öffentliche Meinung machen, also auch keine freie Presse, also auch keine Demokratie. Das Angebot an Freiheit ... ist bedeutungslos, wenn es nicht in Anspruch genommen wird.«[32] »Wie wir heute lachen, gehen, lieben, sprechen, denken oder nichtdenken«, ergänzte GÜNTHER ANDERS 1964, »selbst wie wir heute zu Opfern bereit sind, das haben wir nur zum allerunbeträchtlichsten Teil im Elternhaus, in den Schulen oder in den Kirchen gelernt, vielmehr fast ausschließlich durch Rundfunk, Fortsetzungsromane, Illustrierte, Filme oder das Fernsehen – kurz: durch ›Unterhaltung‹. War diese in früheren Zeiten nur eine unter vielen Bildungskräften gewesen und gewiß keine der eindrucksvollsten, so ist sie nun rapide in eine monopolitische Stellung aufgerückt ... – Die Zeiten, in denen als ›arme Schlucker‹ diejenigen galten, die nichts zu schlucken hatten, die sind längst vorbei. Heutzutage sind ›arme Schlucker‹ umgekehrt diejenigen, die dem Terror ihrer Mästung keinen Widertand mehr leisten können, die mit jedem Bissen, den sie schlucken, auch ein bißchen Freiheitsberaubung mitherunterschlucken müssen.«[33] – Entsprechend ins Bild setzte die Situation vor einem halben Jahrhundert der Graphiker ANDREAS PAUL WEBER; unter dem Titel *Unser täglich Brot* ließ er einen Mann mit gierig geöffneten Augen zeitunglesend vor einem reich gedeckten Tisch Platz nehmen, während eine genauso gierig schauende drall-nackte Frau ihm von hinten her Scheuklappen anlegt (Abb. 4). – Wie ein vertiertes »Publikum« sich auf die »Printmedien« aus den Schreibstuben seiner »Meisterkater« (oder »Riesenschweine«) stürzt, die es mit Sensationsgier und banaler Blödigkeit sich vollschlingen lassen, bannte er unter der Überschrift *sie fressen alles* ins Bild (Abb. 5).

In seinem Roman *1984* aus dem Jahre 1949 hat der britische Autor GEORGE ORWELL (1903–1950) warnend eine Situation vorausgesagt, da in den totalen Überwachungsstaat des Großen Bruders ein »Neusprech« eingeführt werde, um die Zustände in der Gesellschaft so zu benennen, daß sie den Charakter des Unmenschlichen und Unheimlichen verlören.[34] Ganz entsprechend geht es zu in dem Märchen vom *Gestiefelten Kater* ebenso wie in unserer zeitgenössischen »Realität«: So als wollten wir ORWELLS Alpträume noch übertreffen, sind wir fast schon so weit, die Lüge als Wahrheit zu akzeptieren, denn wir hören es Stunde um Stunde: Krieg ist Frieden, Truppenaufstockung ist Truppenabzug, Massenentlassung ist Arbeitsbeschaffung, Beitragserhöhung ist Beitragssenkung – Katzen sind Menschen! Oder, richtiger: Menschen sind Katzen... Und ist es auch Lüge – es schafft sich Wahrheit: dauert ein Unrecht nur lange genug, wächst die Wahrscheinlichkeit, daß die »Macht des Faktischen« es irgendwann in einen »ersessenen« Rechtsanspruch verwandeln wird. »Was lange währt, wird endlich gut«, pflegt man zu sagen. Wem gehört wirklich diese Wiese, dieses Feld, dieser Wald? Ganz einfach: dem Stärksten. Zum Beweis: Wo auf Erden wären die Grenzziehungen zwischen den Staaten *nicht* das Resultat gewonnener Kriege – eine Momentaufnahme der historisch (vorübergehend) eingefrorenen Territorialansprüche der jeweils siegreichen Seite?

Unter solchen Umständen vertritt unser »Meisterkater« im Grunde nur jenes allgemeine Prinzip des Handelns all der »Großen« unter den Eroberern und Schlachtenlenkern der Geschichte: Besitz ist das, was man als solchen beansprucht, vorausgesetzt, man verfügt über die Möglichkeiten, seinen Anspruch auch zu »realisieren«. Im »Beanspruchen« nun ist der Gestiefelte Kater gewiß ein Großmeister zu nennen; sein »Realisierungsvermögen« freilich ist, wie man sich im Geschäftsleben ausdrückt, nach wie vor nur eine bloße »Luftbuchung«, eine »Traumwandlerei«, eine reine Fiktion; und doch, wir wissen es jetzt: wenn es gelingt, die »öffentliche Meinung« mit Furcht und Verlockung auf seine Seite zu ziehen, so gewinnt die Behauptung einer Tatsache irgendwann selbst die Bedeutung einer Tatsache, so setzt sie sich über kurz oder lang als die Tatsache selbst.

Was all den Gestiefelten Katern der menschlichen Geschichte aufs äußerste entgegenkommt, ist die oft schwer begreifliche Gleichgültigkeit der arbeitenden Bevölkerung: Wem auch immer der Kater begegnet, ob den hundert Leuten beim Heumachen, ob den zweihundert Schnittern im Kornfeld, ob den dreihundert Holzfällern im Eichenwald, – es scheint ihnen vollkommen gleichgültig, in wessen Diensten und zu wessen Profit sie ihre Arbeit verrichten, wenn nur für sie selber am Ende genug zum Leben übrigbleibt. Und wie denn auch nicht? Der sie regiert, gilt ihnen als *der große Zauberer*, als jemand also, dessen Tricks sie ohnedies nicht durchschauen und mit dem sie ansonsten persönlich durchaus nichts zu tun haben. – Man denke, um sich den

Sachverhalt in unseren Tagen zu verdeutlichen, nur an die Arbeitnehmer einer größeren Firma: Tag für Tag gehen sie ihrer Tätigkeit nach ohne die geringste Kenntnis von den Aktionen und Transaktionen ihrer »Vorstände«; irgendwann erfahren sie von neuen geplanten »Rationalisierungsmaßnahmen«, sprich: Massenentlassungen; plötzlich machen »Übernahme«-Gerüchte die Runde oder es sickern Absprachen durch, einen Teil der Produktion »outzusourcen«, sprich: ins »Ausland«, sprich: in »Billiglohnländer« zu verlegen. Was »die da oben« sich dabei denken, bleibt für die »Angestellten« eine durch und durch opake Angelegenheit, dicht am Rand von Magie und Hexerei. Wirklich, wie ein großer Zauber liegt das Wirtschaftssystem, dessen Handlanger sie sind, über dem Land, unbegreifbar, unbeeinflußbar, mal zum Segen, mal zum Fluch – wer kann das wissen? Man muß damit leben, und man hat sich daran gewöhnt.

Daß es sich mit den »Arbeitern« so verhält, kann deshalb nicht ernsthaft wundernehmen. Höchlichst erstaunen aber muß es, daß selbst der König offenbar nicht die geringste Ahnung hat, wem eigentlich die riesig ausgedehnten Ländereien zugeeignet sind, durch die er, doch wohl auf dem Grund und Boden seines eigenen Reiches, spazierenfährt. Ihro Majestät geben sich überrascht zu hören, daß alles, wohin sie auch kommen, diesem Grafen (de Carabas) gehören soll, der da neben ihnen in der Kutsche Platz genommen hat; auch diesem höchsten Souverän im Staate ist es allem Anschein nach im letzten gleichgültig, wer da was in seinem Reich sein Eigentum nennt, – allenfalls mit Blick auf die Verheiratung seiner Tochter mag die Frage von Belang sein. Ja, dieser »König« hat von dem Regime des großen Zauberers offenkundig noch nie etwas vernommen! Dabei sieht alles danach aus, als bildeten die Besitztümer dieses »Zauberers« auf unsichtbare und geheimnisvolle Weise die eigentliche »Realität« in diesem sonderbaren Königreich, dessen »Herrscher« mit seiner kindischen Vorliebe für »Rebhühner« und in seiner kompletten Unbedarftheit in allen Regierungsangelegenheiten sich ausnimmt wie eine Witzfigur – harmlos in seinem Gemüt, verantwortungsfremd in seinem Gebaren, ein spielender Genußmensch, also ein Spielball der Umstände, wie sie, egal, ob vom großen Zauberer, ob vom gestiefelten Kater, allemal ohne ihn und hinweg über ihn gestaltet werden. – Was für eine »Macht«, falls dieses Bild zutrifft, soll man den Mächtigen im Staate zuschreiben, wenn sie derart erkennbar nichts weiter sind als Getriebene – Phantasten auch sie in dem Wahn ihres »Königseins«? Die wahre Macht liegt in den Händen des »Zauberers«. Doch worin besteht sie? Das, natürlich, weiß ein Meisterkater, und er weiß, wie er damit umzugehen hat.

an des Zauberers Schloß

Die Hauptsache: keine Angst vor »großen Tieren«! Dieselbe Art des Auftretens, die in den großen Stiefeln bereits die »einfachen« Leute das Fürchten lehrte, kann auch jetzt nicht verkehrt sein: Gar *kecklich* also betritt unser Meisterkater *des Zauberers Schloß*, doch erntet er nur dessen herablassende Verachtung. Gewöhnliche Sterbliche müßten in einem solchen Moment gewiß um ihre Fassung kämpfen, – sie würden vergehen unter dem abschätzigen Blick dieses zauberischen Granden, – sie würden vor ihm so klein, wie sie in seinen Augen von vornherein denn auch erscheinen. Nicht so ein Meisterkater. Es war möglich, einen »König« mit seiner Gaumenlust zu betören; ein »großer Zauberer«, der derart eitel ist und selbstgefällig wie dieser, sollte genauso leicht hinters Licht zu führen sein. »Hochmut kommt vor den Fall«, sagt man in einem anderen deutschen Sprichwort; und diese Volksweisheit wird nun des Meisterkaters Waffe.

Recht verstanden, hat der gestiefelte Kater tatsächlich keinen Grund, sich dem »großen Zauberer« gegenüber klein zu fühlen; denn eigentlich verkörpert er selbst dessen Welt; eigentlich begegnet er in diesem seiner eigenen Geistesart; eigentlich tritt ihm in jenem sein eigenes Wesen entgegen. Ja, wäre die Geschichte vom *Gestiefelten Kater* ein wirkliches Märchen und nicht eher ein Anti-Märchen, so würde dieser Szene psychologisch zweifellos die Bedeutung eines einschneidenden Wendepunktes durch Einsicht und Selbsterkenntnis zukommen; doch genau davon kann natürlich keine Rede sein: nicht um die »Integration« der »verzauberten« Seelenanteile ist es zu tun, sondern um deren Aneignung zur Machtvergrößerung.

An einer entscheidenden Stelle seines unsterblichen Romans *Don Quijote* aus dem Jahre 1615 hat MIGUEL DE CERVANTES SAAVEDRA (1547–1616) einmal beschrieben, wie der von der Lektüre allzu vieler Ritterromane an seinem Verstande erkrankte Mann von der Mancha durch den Kampf mit einem »Spiegelritter« zur Vernunft gebracht werden soll; in der Tat fühlt dieser Verehrer der allerschönsten unter den Frauen, der unvergleichlichen Dulcinea von Toboso, sich von Zauberern verfolgt, seit er die Angebetete noch vor zwei Tagen »in eine schmutzige gemeine Bäuerin verwandelt« erblicken mußte; und nun behauptet dieser Ritter vom Spiegel gar, er habe Don Quijote bereits zum Duell gefordert und besiegt; auch gibt er sich in der Liebe zu einer gewissen Casildea von Vandalien als gleichermaßen ritterlich berauscht wie dieser; im Grunde also kann und soll Don Quijote von keinem anderen »besiegt« werden als von sich selbst. Doch der fein gesponnene Plan der Freunde mißrät, indem der zum »Spiegelritter« ausersehene Baccalaureus Sansón Carrasco im Zweikampf kläglich versagt[35]. Ähnlich dient auch dem gestiefelten Kater die Begegnung mit seinem geistigen Spiegelbild nicht zu einer Korrektur seines »Image«, sondern nur zu dessen Bestätigung: er ist der wahre »Zauberer«, indem er nicht nur mit den eigenen, sondern auch mit den fremden Größenvorstellungen und Wunschideen auf eine äußerst zweckrationale Weise umzugehen versteht.

Wo eigentlich findet sich dieses »Schloß«, das in seiner großzügigen Anlage bereits die Macht und die Pracht seines Besitzers verrät? Wollten wir in der Gegenwart nach derartigen Bauten Ausschau halten, so fänden wir sie gewiß nicht mehr in den wuchtigen Zitadellen, den aufragenden Kathedralen und den zierlichen Chateaux der Vergangenheit; Gebäude, die wir in solchem Format noch zum Himmel wachsen sehen, sind einzig die Banken: In ihnen allein herrscht uneingeschränkt die Macht des großen Zauberers, je nach Belieben alles in alles verwandeln zu können. Wenn es die Märchen sind, in denen das Wünschen zu helfen vermag, so sind die Banken märchenhaft in gerade diesem Sinne, daß in ihnen das Wünschbare selbst bereits wirklicher ist als das Wirkliche. – Ein gewöhnlicher »Sparanleger« etwa, der seine mühsam zusammengehaltenen 200 Euro auf sein Konto einzahlt, muß sein Geld rechtschaffen erspart und erwirtschaftet haben; doch nicht damit eigentlich erzielen die Banken ihren Reichtum. Ihren wahren Spekulationsraum bietet die Börse, und dort sind es die Gewinnerwartungen bestimmter Sparten, die den »cash flow«, die Geldbewegung, kanalisieren: Futures, Derivate, kleinste Schwankungen und Differenzen in den Wechselkursen blähen die Begehrlichkeitsblasen der Geschäftemacher gewaltig auf. Für solch große Zauberer stellt es eine Kleinigkeit dar, sich *in einen Elefant* zu verwandeln oder in einen *Löwen* (Abb. 6). So genügt es, daß der gestiefelte Kater artig seine *Reverenz* macht, um den Ehrgeiz auch dieses Zauberers anzueifern, den er zu vernichten trachtet. Tatsächlich kann dieser Mann sich nicht genug tun, seine Künste unter Beweis zu stellen: der eben noch so verächtliche Kater ist ihm jetzt aus lauter Eitelkeit und Selbstgefälligkeit das kompetente Publikum seiner magischen Selbstverwandlungskünste. Wirklich, er kann alles, was er wünscht oder was man von ihm wünscht. Doch aufgemerkt nun also: eben deshalb auch kann man ihn zum Leichtsinn verleiten! Irgendwann neigen all die erfolgsverwöhnten »Großen« zur Überheblichkeit, da beginnen sie, ihre Konkurrenten zu unterschätzen, da sinkt ihr Sicherungssystem gegenüber Risiken. Und eben das wird ihnen den Todesstoß versetzen: – schließlich ist ihre ganze Welt darauf berechnet, jede kleinste Schwäche auszunutzen, um ihren Träger zu verderben...

Was der gestiefelte Kater mit dem großen Zauberer aufführt, setzt, so besehen, nur sein bisheriges Geschäftsgebaren fort, freilich nun in letzter Konsequenz: Daß man einander täuscht und überlistet – gut; daß man den anderen zu Eskapaden einlädt, den »Elefanten« oder den »Löwen« »zu geben«, wie man im Theaterjournalismus sagt – auch gut. All das ist nicht neu. Dabei versteht der gestiefelte Kater sich hervorragend auch als Mitspieler: schrecklich ist es bei PERRAULT naturgemäß für eine Katze, als eine Großkatze den großen Zauberer vor sich zu sehen. Über die Erfüllung dieses seines eigenen Wunsches zeigt sich der Meisterkater derart »erschrocken, ... daß er sogleich auf die Dachtraufen« flieht, »wahrlich nicht ohne Mühe und Gefahr wegen seiner Stiefel, die nicht geeignet waren, mit ihnen auf den Dachziegeln zu laufen.« Und doch legt er es mit der geschickten Demonstration seiner Angst allein darauf an, seinen Kontrahenten in Sicherheit zu wiegen. Wenn wir bisher von einem ausgesprochen schizoiden Zug im Wesen eines solchen »Meisterkaters« sprachen, so wird diese Auffassung voll und ganz durch die Art und Weise bestätigt, mit der wir diese sonderbare »Katze« ihre Gefühle inszenieren sehen: Allemal verfügt sie über genügend Empathie, sich vorstellen zu können, wie »normale« Menschen auf den Anblick eines Löwen reagieren würden – und wie sie sich daher verhalten muß, um sich nicht »auffällig« zu machen; vor allem ist sie intelligent genug, um sich in die Gefühle anderer – zum Beispiel in ihren Stolz, in ihren Ehrgeiz oder in ihre Kränkbarkeit – hineindenken zu können; doch sie selber hat keine Gefühle: – sie erzeugt sie künstlich, und ihre ganze Kunst besteht darin, so virtuos mit den Gefühlen anderer zu spielen, daß diese ihr – so wie die Rebhühner in den Sack, so wie der König in die Kutsche – so wie nun auch der große Zauberer in ihr Maul gehen.

Ins Endgültige treibt dieses »Spiel« jetzt, weil der gestiefelte Kater es von Anfang an darauf angelegt hat. Er will und beabsichtigt diesen »Showdown« eines tödlichen Entweder-Oder: Entweder frißt er den Zauberer oder er selber ist ein für allemal erledigt – entlarvt als ein Hochstapler und Schwindler in unvorstellbarem Ausmaß. Dieses »Gesetz« der »feindlichen Übernahme«, die Frage: wer frißt wen, bestand wohl all die Zeit; doch derart eiskalt sich selbst gegenüber, seine eigene Zukunft solchermaßen aufs Spiel setzend, mußte der gestiefelte Kater bisher noch niemals auftreten; jetzt muß er es, weil seine ganze Spielanlage um alles oder nichts gar kein anderes Ende zuläßt. Entweder er zieht als Sieger in das Traumschloß des »Zauberers« ein oder er wird auf ewig aus der Welt der Schloßbesitzer ausgeschlossen. Was ihm bleibt, ist jetzt allein das psychologische Kalkül: er muß die Mentalität dessen, den er sich zum Gegner auf Leben und Tod gewählt hat, gut genug kennen, um ihn in einem entscheidenden Moment zu nachlassender Wachsamkeit zu provozieren; und so spricht er mit katzengleicher Verschlagenheit: *noch mehr als alles andere wäre es, wenn du dich auch in ein so kleines Tier, wie eine Maus ist, verwandeln könntest, du kannst gewiß mehr als irgendein Zauberer auf der Welt, aber das wird dir doch zu hoch sein.*

Wer ganz groß sein will, muß auch ganz klein sein können – psychologisch ist eine solche Dialektik wirklich genial richtig; doch so meint sie nicht der Kater, und so versteht sie auch nicht der große Zauberer. Er möchte nicht das »Kleinsein« in einem Akt der Weisheit sich gestatten, er möchte lediglich der Virtuosität seiner Größe eine weitere Zirkusnummer hinzufügen; tragisch zu nennen aber ist es, daß der Zauberer gerade jetzt *ganz freundlich von den süßen Worten* wird: »*O ja, liebes Kätzchen*«, spricht er huldvoll, »*das kann ich auch.*« Was ist das nur für eine Raubtier-Welt, in der ein kleiner Augenblick milde gestimmter Unvorsichtigkeit oder einer huldvoll sich andeutenden Freundschaft das Todesurteil bedeutet! Denn auf der Stelle, *mit einem Sprung*, setzt der Kater der Zauber-Maus nach und frißt sie auf, – ohne Zögern, ohne Skrupel, ohne Bedauern. Ja, sogar uns, den Lesern, soll nicht entfernt auch nur dieser Zauberer leid tun; eingeladen vielmehr sind wir, uns an dem »Endsieg« des gestiefelten Katers zu freuen.

Da ward ... er König, der gestiefelte Kater aber erster Minister

Denn schon rollt die Kalesche des Königs heran, schon steht *der Kater ... oben an der Treppe*, schon springt *er herab* und öffnet *die Türe*, schon bietet er die Erklärung: »*Herr König, Ihr gelangt hier in das Schloß meines Herrn, des Grafen, den diese Ehre für sein Lebtag glücklich machen wird.*« Und wirklich: dieses Zauberschloß war *fast größer und schöner ... als sein Schloß;* der Graf aber führte die Prinzessin die Treppe hinauf in den Saal, der ganz von Gold und Edelsteinen flimmerte. Kann da das Ende der Geschichte noch anders ausfallen als es geschieht? *Da ward die Prinzessin mit dem Grafen versprochen, und als der König starb, ward er König, der gestiefelte Kater aber erster Minister.* »Ende gut – alles gut«, – noch solch ein Spruch der Volksweisheit. Doch trifft er wirklich zu? Wollen, können, dürfen wir wirklich einer solchen Sottise unser Einverständnis leihen?

Wir verstehen die Geschichte vom *Gestiefelten Kater* wohl wirklich erst recht, wenn wir sie als eine überscharf gezeichnete Karikatur unserer gewöhnlichen gesellschaftlichen Wirklichkeit mit den scheinbaren

Selbstverständlichkeiten unseres Zusammenlebens begreifen – wenn wir sie als Provokation auf die Frage hin lesen, ob, da wir uns selbst in dem Märchen vom Meisterkater so deutlich abgebildet finden, immer noch widerspruchsfrei alles so bleiben soll, wie wir es sattsam kennen. Sollen wir wirklich glauben, ein Mensch mit einer solchen Lebensangst, mit einer solchen Gefühlsabtötung, mit einer solch berechnenden Hinterhältigkeit, wie wir sie in dem Gestiefelten Kater verkörpert sehen, verdiene glücklich genannt zu werden? Wohl, er ist jetzt politisch zu den höchsten Ämtern aufgestiegen – er ist Minister seines Herrn, den er vom Müllerssohn zum Grafen, dann zum Prinzgemahl, hernach zum König selbst erhoben hat; doch muß er entsprechend der Logik des Systems, das er selbst repräsentiert, nicht nach wie vor und mehr denn je befürchten, das Fell über die Ohren gezogen zu bekommen? Er hat den großen Zauberer nicht einfach verschluckt, er ist an dessen Stelle getreten, und irgendwann wird ein anderer Gestiefelter Kater kommen und ihn aus dem Amt stürzen. »Alles, was hochkommt, kommt auch wieder runter«, sagt man; und selbst wenn dem nicht so wäre – in all den »Erfolgen« eines Gestiefelten Katers lebt die alte angstgepeinigte Erbarmungslosigkeit. Sie ist noch weit schlimmer als der offene Pessimismus, mit dem diese Welt der erfolgreichen Lüge, des pervertierten Rechts und der korrumpierbaren Macht ihre unangefochtenen Triumphe feiert. Denn um diese Welt»ordnung« zu überwinden, ist es nicht möglich, die Machenschaften derartiger Meisterkater vor Gericht bringen zu wollen – ein unabhängiges Rechtswesen ist in einem Reiche nicht existent, dessen »König« auf solcherlei Weise an die Macht zu gelangen vermag; es geht vielmehr zu, wie Paulus es im *Römerbrief* (2,10–17) anhand einer Reihe von Psalmen- und Prophetenzitaten als den unheilvollen Zustand der gesamten Welt zeichnet: »Da ist keiner, der gerecht ist, der nach Gott fragt. Sie sind alle abgewichen und allesamt verdorben. Da ist keiner, der Gutes tut, auch nicht einer (Ps 14,1–3). Ihr Rachen ist ein offenes Grab; mit ihren Zungen betrügen sie (Ps 5,10), Otterngift ist unter ihren Lippen (Ps 140,4); ihr Mund ist voll Fluch und Bitterkeit (Ps 10,7). Ihre Füße eilen, Blut zu vergießen; auf ihren Wegen ist lauter Schaden und Jammer, und den Pfad des Friedens kennen sie nicht« (Jes 59,7.8).

Um eine solche Welt zu überwinden, wäre es als erstes nötig, die Menschen der Gewohntheit und Gewöhnlichkeit der Lüge zu entwöhnen. So schrieb BERTOLT BRECHT (1898–1956) in einem Fragment über die *Reinigung des Theaters von den Illusionen*:

> In der natürlichen Scham der Kinder
> Die Verstellung ablehnen beim Theaterspiel
> Und im Unwillen der Arbeiter
> Sich wild zu gebärden, wenn sie
> Die Welt zeigen wollen, wie sie ist
> Damit wir sie verändern können
> Kommt zum Ausdruck, daß es unter der Würde des Menschen ist
> Zu täuschen.[36]

Und er fügte hinzu:

> Die Regulierung eines Flusses
> Die Veredelung eines Obstbaumes
> Die Erziehung eines Menschen
> Der Umbau eines Staates
> Das sind Beispiele fruchtbarer Kritik.
> Und es sind auch
> Beispiele von Kunst.[37]

Freilich geht es nicht um »Kritik« und »Veränderung«; entscheidend wäre es, den Faktor der Angst aus den »Spielregeln« des Zusammenlebens herauszunehmen. Doch wie sollte das geschehen? Die Angst zwingt zu permanenter Lüge, und sie treibt zu einem Verhalten unerbittlicher Konkurrenz, so wie sie aus diesem Verhalten entsteht – ein scheinbar unentrinnbarer Teufelskreis. Die einzige Chance läge darin, die Liebe, welche die Prinzessin dem Müllerssohn entgegenbringt, ehrlich zu leben: Wenn sie wirklich liebzugewinnen vermöchte den Habenichts, den Schutzlosen, den Leergeplünderten, vorbehaltlos, wäre das Prinzip der »Kater«-Welt vom Kampf aller gegen alle und mit allen Mitteln durchbrochen. Doch dazu müßte die Prinzessin in die Sphäre eines wirklichen Märchens eintreten: Sie müßte aus dem Schatten ihres Vaters sich herausentwickeln und die dumpfe Atmosphäre von Genuß und Pläsier hinter sich lassen; sie müßte nicht länger darauf achthaben, ob jener nackte Mann im See auch wirklich ein so vornehmer Graf ist, wie das Weh- und Werbegeschrei des Katers es verkündet; – erst wenn wir es uns erlauben, jenseits der vermeintlichen oder wirklichen Zwänge unseres wirtschaftlichen und gesellschaftlichen Systems zu bedingungslosem Erfolg und wechselseitiger Vernichtungskonkurrenz uns wieder als Menschen zu begegnen und jenes Vertrauen zu wagen, das einen wohlwollenden, ehrlichen und fairen Umgang miteinander ermöglicht, werden wir imstande sein, den Gestiefelten Kater von der Welt der Ungnädigkeit zu erlösen und die Welt zu befreien von dem Regiment der gestiefelten Kater. – Denken ließe sich als Weg zu diesem Ziel aus der Sicht des Katers selbst an die in gewissem Sinne parallele und doch so ganz andere Erzählung der BRÜDER GRIMM *Der arme Müllerbursch und das Kätzchen* (KHM 106): Diese Geschichte, als ein echtes Zaubermärchen, ist noch am ehesten imstande, das PERRAULTsche Anti-Märchen zu »widerlegen«, indem es schildert, wie der *dritte von den Burschen* als *der Kleinknecht* von seinen beiden stolzen Brüdern verlacht wird, doch gerade so ist er befähigt, durch seine Treue und Dienstbereitschaft eine Königin zu erlösen, die auf sieben Jahre hin dazu verwunschen war, als *eine wunderliche Katze* zu leben. Könnte ein Gestiefelter Kater es wirklich lernen, statt Reichtum und Macht einen anderen Menschen um seiner selbst willen zu lieben, so würde er selber von seiner Unnatur frei.

Bis dahin allerdings besitzt die Geschichte von CHARLES PERRAULT, LUDWIG TIECK und den GEBRÜDERN GRIMM den Wert eines gut gemachten Polit-Kabaretts: weit über die bloße Persiflage oder Parodie einzelner zeitgeschichtlicher Vorkommnisse hinaus formt sie sich zu einer satirischen Parabel auf die überzeitliche Typik und Tragik unseres geschichtlichen Handelns, und sie erhebt uns zumindest ein Stück weit darüber, indem wir beginnen, über uns selber zu lachen. Das Ungeheuerliche hört auf, selbstverständlich und unumgänglich zu sein. Wir werden hellhörig, wenn die Medien der Mächtigen wiederum voll des Lobes sich geben über einen weiteren Gestiefelten Kater und – wie am

Ende in GOETHES *Reineke Fuchs*, nur ohne dessen satirischen Ingrimm – in der üblichen Lobhudelei einen erfolgreichen Mafioso als höchsten Minister des »Königs« noch obendrein auf den Sockel eines moralischen Vorbilds stellen:

> Hochgeehrt ist Reineke nun! Zur Weisheit bekehre
> Bald sich jeder und meide das Böse, verehre die Tugend!
> Dieses ist der Sinn des Gesangs, in welchem der Dichter
> Fabel und Wahrheit gemischt, damit ihr das Böse vom Guten
> Sondern möget und schützen die Weisheit, damit auch die Käufer
> Dieses Buchs vom Laufe der Welt sich täglich bekehren.
> Denn so ist es beschaffen, so wird es bleiben. Und also
> Endigt sich unser Gedicht von Reinekens Wesen und Thaten.
> Uns verhelfe der Herr zur ewigen Herrlichkeit! Amen.[38]

III Die Bremer Stadtmusikanten: Die Allianz der »Nutzlosen«

Doch nehmen wir einmal das Unmögliche an: – denken wir uns einen Gestiefelten Kater als jemanden, der es glücklich geschafft hat und der darüber glücklich zu sein vermöchte, so ist die letztendliche Katastrophe gleichwohl in seinem Lebensentwurf bereits angelegt, und es ist einzig und allein eine Frage der Zeit, wann sie hereinbrechen wird. Die Zeit selbst ist der Hauptfaktor der Zerstörung für ein Lebensgefüge, innerhalb dessen Anerkennung und Wertschätzung, ja, die Berechtigung der eigenen Existenz erleistet, notfalls erlistet werden muß mit dem Nachweis möglichen Nutzens, mit der Brauchbarkeit für irgendein profitables Projekt oder zumindest mit der Verwendbarkeit für einen existenzberechtigenden Niedrig-Lohn-Job. Die Tatsache selbst steht nicht zur Diskussion: Wir werden mit jedem Tag älter, und wenn auch der Fortschritt der Jahre an sich einen Fortschritt an Einsicht und Weisheit zu bedeuten vermöchte, so sind doch gerade dies die Eigenschaften, die in einem System, für das nur zählt, was sich auszahlt, als vollkommen »irrelevant« gelten müssen, – um ein Lieblingswort amerikanischer Kriegs- und Wirtschaftsstrategen zu gebrauchen. Die unausweichliche Naturgegebenheit des Alterns beweist, wie wohl nichts sonst, die Unnatur einer Lebens»philosophie«, deren »Sinnmaßstab« fetischähnlich auf »Leistungssteigerung«, »Gewinnmaximierung« und »Wirtschaftswachstum« ausgelegt ist. Irgendwann wird die geschundene Kreatur rebellieren, werden sogar die Hausgeräte in den Aufstand gehen, wie es – in Vergleichbarkeit mit asiatischen[1] und indianischen Motiven – zum Beispiel die Geschichte von *Herrn Korbes* (KHM 41) erzählt[2]. Was das Märchen von den *Bremer Stadtmusikanten* in Zusammenfügung zweier paderbornischer Fassungen[3] schildert, offenbart, erneut nach Art einer Mischung aus Fabel und Satire, den zentralen Widerspruch, der in jedem Sozialsystem steckt, das sich wesentlich über Produktivität und Geldakkumulation definiert: es verrechnet

Menschen als Wirtschaftsfaktoren, ohne damit zu rechnen, wie Menschen wirklich sind – sie können krank werden, sie können alt werden, und bald schon wird ihr Bemühen, einen Beitrag zur Steigerung des Bruttosozialprodukts zu leisten, der Frage weichen, was sie selber sich leisten können, ja, sich selbst zu leisten geradewegs schuldig sind. Unter den Lebensbedingungen der derzeitigen neoliberalen Wirtschafts»ordnung« läßt sich schwerlich eine Geschichte vorstellen, die aktueller sein könnte als diese, indem sie märchenhaft zeitlos an die Zeitbedingtheit der Zeitläufte zurückmeldet, was Menschen immerdar sind und sein werden: kränkelnde, alternde, sterbliche Wesen beziehungsweise – im Bilde gesprochen –: arme, erbärmliche, erbarmenswerte Haustiere.

Es hatte ein Mann einen Esel, der schon lange Jahre die Säcke unverdrossen zur Mühle getragen hatte, dessen Kräfte aber nun zu Ende gingen, so daß er zur Arbeit immer untauglicher ward. Da dachte der Herr daran, ihn aus dem Futter zu schaffen, aber der Esel merkte, daß kein guter Wind wehte, lief fort und machte sich auf den Weg nach Bremen: dort, meinte er, könnte er ja Stadtmusikant werden. Als er ein Weilchen fortgegangen war, fand er einen Jagdhund auf dem Wege liegen, der jappte wie einer, der sich müde gelaufen hat. »Nun, was jappst du so, Packan?« fragte der Esel. »Ach«, sagte der Hund, »weil ich alt bin und jeden Tag schwächer werde, auch auf der Jagd nicht mehr fort kann, hat mich mein Herr wollen totschlagen, da hab ich Reißaus genommen; aber womit soll ich nun mein Brot verdienen?« »Weißt du was«, sprach der Esel, »ich gehe nach Bremen und werde dort Stadtmusikant, geh mit und laß dich auch bei der Musik annehmen. Ich spiele die Laute, und du schlägst die Pauken.« Der Hund war's zufrieden, und sie gingen weiter. Es dauerte nicht lange, so saß da eine Katze an dem Weg und machte ein Gesicht wie drei Tage Regenwetter. »Nun, was ist dir in die Quere gekommen, alter Bartputzer?« sprach der Esel. »Wer kann da lustig sein, wenn's einem an den Kragen geht«, antwortete die Katze, »weil ich nun zu Jahren komme, meine Zähne stumpf werden und ich lieber hinter dem Ofen sitze und spinne als nach Mäusen herumjage, hat mich meine Frau ersäufen wollen; ich habe mich zwar noch fortgemacht, aber nun ist guter Rat teuer: wo soll ich hin?« »Geh mit uns nach Bremen, du verstehst dich doch auf die Nachtmusik, da kannst du ein Stadtmusikant werden.« Die Katze hielt das für gut und ging mit. Darauf kamen die drei Landesflüchtigen an einem Hof vorbei, da saß auf dem Tor der Haushahn und schrie aus Leibeskräften. »Du schreist einem durch Mark und Bein«, sprach der Esel, »was hast du vor?« »Da hab ich gut Wetter prophezeit«, sprach der Hahn, »weil unserer lieben Frauen Tag ist, wo sie dem Christkindlein die Hemden gewaschen hat und sie trocknen will; aber weil morgen zum Sonntag Gäste kommen, so hat die Hausfrau doch kein Erbarmen und hat der Köchin gesagt, sie wollte mich morgen in der Suppe essen, und da soll ich mir heut abend den Kopf abschneiden lassen. Nun schrei ich aus vollem Hals, solang ich noch kann.« »Ei was, du Rotkopf«, sagte der Esel, »zieh lieber mit uns fort, etwas Besseres als den Tod findest du überall; du hast eine gute Stimme, und wenn wir zusammen musizieren, so muß es eine Art haben.« Der Hahn ließ sich den Vorschlag gefallen, und sie gingen alle viere zusammen fort.

Sie konnten aber die Stadt Bremen in einem Tag nicht erreichen und kamen abends in den Wald, wo sie übernachten wollten. Der Esel und der Hund legten sich unter einen großen Baum, die Katze und der Hahn machten sich in die Äste, der Hahn aber flog bis in die Spitze, wo es am sichersten für ihn war. Ehe er einschlief, sah er sich noch einmal nach allen vier Winden um, da däuchte ihn, er sähe in der Ferne ein Fünkchen brennen, und rief seinen Gesellen zu, es müßte nicht gar weit ein Haus sein, denn es scheine ein Licht. Sprach der Esel: »So müssen wir uns aufmachen und noch hingehen, denn hier ist die Herberge schlecht.« Der Hund meinte, ein paar Knochen und etwas Fleisch dran täten ihm auch gut. Also machten sie sich auf den Weg nach der Gegend, wo das Licht war, und sahen es bald heller schimmern, und es ward immer größer, bis sie vor ein hell erleuchtetes Räuberhaus kamen. Der Esel, als der größte, näherte sich dem Fenster und schaute hinein. »Was siehst du, Grauschimmel?« fragte der Hahn. »Was ich sehe?« antwortete der Esel. »Einen gedeckten Tisch mit schönem Essen und Trinken, und Räuber sitzen daran und lassen's sich wohl sein.« »Das wäre was für uns«, sprach der Hahn. »Ja, ja, ach, wären wir da!« sagte der Esel. Da ratschlagten die Tiere, wie sie es anfangen müßten, um die Räuber hinauszujagen, und fanden endlich ein Mittel. Der Esel mußte sich mit den Vorderfüßen auf das Fenster stellen, der Hund auf des Esels Rücken springen, die Katze auf den Hund klettern, und endlich flog der Hahn hinauf und setzte sich der Katze auf den Kopf. Wie das geschehen war, fingen sie auf ein Zeichen insgesamt an, ihre Musik zu machen: der Esel schrie, der Hund bellte, die Katze miaute, und der Hahn krähte; dann stürzten sie durch das Fenster in die Stube hinein, daß die Scheiben klirrten. Die Räuber fuhren bei dem entsetzlichen Geschrei in die Höhe, meinten nicht anders, als ein Gespenst käme herein, und flohen in größter Furcht in den Wald hinaus. Nun setzten sich die vier Gesellen an den Tisch, nahmen mit dem vorlieb, was übriggeblieben war, und aßen, als wenn sie vier Wochen hungern sollten.

Wie die vier Spielleute fertig waren, löschten sie das Licht aus und suchten sich eine neue Schlafstätte, jeder nach seiner Natur und Bequemlichkeit. Der Esel legte sich auf den Mist, der Hund hinter die Türe, die Katze auf den Herd bei die warme Asche, und der Hahn setzte sich auf den Hahnenbalken; und weil sie müde waren von ihrem langen Weg, schliefen sie auch bald ein. Als Mitternacht vorbei war und die Räuber von weitem sahen, daß kein Licht mehr im Haus brannte, auch alles ruhig schien, sprach der Hauptmann: »Wir hätten uns doch nicht sollen ins Bockshorn jagen lassen«, und hieß einen hingehen und das Haus untersuchen. Der Abgeschickte fand alles still, ging in die Küche, ein Licht anzuzünden, und weil er die glühenden, feurigen Augen der Katze für lebendige Kohlen ansah, hielt er ein Schwefelhölzchen daran, daß es Feuer fangen sollte. Aber die Katze verstand keinen Spaß, sprang ihm ins Gesicht, spie und kratzte. Da erschrak er gewaltig, lief und wollte zur Hintertüre hinaus, aber der Hund, der da lag, sprang auf und biß ihn ins Bein; und als er über den Hof an dem Miste vorbeirannte, gab ihm der Esel noch einen tüchtigen Schlag mit dem Hinterfuß; der Hahn aber, der vom Lärmen aus dem Schlaf geweckt und munter geworden war, rief vom Balken herab: »Kikeriki!« Da lief der Räuber, was er konnte, zu seinem Hauptmann zurück und sprach: »Ach, in dem Haus sitzt eine greuliche Hexe, die hat mich angehaucht und mit ihren langen Fingern mir das Gesicht zerkratzt; und vor der Türe steht ein Mann mit einem Messer, der hat mich ins Bein gestochen; und auf dem Hof liegt ein schwarzes Ungetüm, das hat mit einer Holzkeule auf mich losgeschlagen; und oben auf dem Dache, da sitzt der Richter, der rief: ›Bringt mir den Schelm her.‹ Da machte ich, daß ich fortkam.« Von nun an getrauten sich die Räuber nicht weiter in das Haus, den vier Bremer Stadtmusikanten gefiel's aber so wohl darin, daß sie nicht wieder heraus wollten. Und der das zuletzt erzählt hat, dem ist der Mund noch warm.

dessen Kräfte aber nun zu Ende gingen

Die wohl schlimmste Enttäuschung – ein jäher, unbegreifbarer Schrekken! – muß ein an den Menschen gewohntes Haustier überkommen bei der Entdeckung, daß es getötet werden soll. Dieselben Personen, die es bisher gefüttert, gepflegt und gestreichelt haben, zeigen nunmehr ihr wahres Gesicht: alle vermeintliche Fürsorge war einzig darauf berechnet, geschlachtet zu werden, um den Kadaver bis in seine Einzelteile hinein optimal zu »verwerten«. – Die Menschentiere, von denen das Märchen der *Bremer Stadtmusikanten* erzählt, wurden in ihrer Arbeitskraft gewiß immer schon von ihren »Haltern« ausgebeutet; bisher boten ihre »Verwertbarkeit« und Verwendbarkeit den Grund dafür, daß man sie aushielt; der Nutzen, den sie erbrachten, gab ihnen in den Augen ihrer »Herren« allererst eine Existenzberechtigung. Sobald indessen die Kosten für ihren Unterhalt den Betrag zu übersteigen beginnen, den sie durch ihre »Dienstleistungen« erwirken, ist ihr Leben verwirkt: Auf so etwas wie Dankbarkeit oder wie Anerkennung für ihre zahlreichen vergangenen Dienste und Verdienste dürfen sie keinesfalls hoffen. Jetzt harrt ihrer unbarmherzig der Tod. So will es das System: Es erlaubt keine zweckfreie Zuneigung. Es duldet kein geduldiges Wohlwollen. Es hält nichts von einer Haltung annehmender Akzeptanz. Zahlt sich das Eingezahlte aus? Einzig das steht zur Frage, – sonst nichts. Tiere mögen zu unschuldig sein, eine solche Logik beizeiten zu begreifen; Menschen hingegen wollen sie anscheinend nimmer begreifen, sonst würden sie nicht immer wieder so blind sich selber ans Messer liefern.

Um ein Tier zu halten, muß man es zähmen, das heißt man muß ihm die natürliche Angst vor der Nähe des Menschen nehmen – insbesondere Haustiere bleiben in gewissem Sinne ständige Kinder, indem sie ihre Pflegepersonen als Ersatz für ihr Muttertier, für ihren Artgenossen liebgewinnen; Menschen vertrauen für gewöhnlich einfach darauf, daß andere Menschen sie nicht züchten wollen wie Ochsen, die man als Zugvieh vor den Karren spannt, solange es geht, und die man als Schlachtvieh zerlegt, sobald ihre Körperkraft schwindet. Wie aber, wenn gerade dieses Vertrauen von Domestizierten, von »häuslich« Gewordenen, Lügen gestraft wird von einer Grausamkeit, die noch weit arglistiger, weil verborgener, weil berechnender, weil sadistischer ist als das endlose Jagen und Gejagtwerden in freier Wildbahn? Keine Enttäuschung kann größer sein, als erleben zu müssen, daß eine jahrelang gewährte Fürsorge nichts weiter gewesen sein soll als ein berechnendes Kalkül des Gebrauchswertes eines Tieres, eines Menschen, gleich, ob lebend oder tot.

In der *Geschichte von den Tieren und dem Menschen* in den *Erzählungen aus den tausendundein Nächten* (in der 146. Nacht) schildert Scheherezad, wie die Tiere, »krank aus Kummer und Furcht vor dem Menschen«, einander warnen, weil dieser »voller Lug und Trug« und »voller Falsch und Verrat« sei[4]. Insbesondere ein Esel klagt dort einem Löwen sein Leid, muß er doch fürchten, daß der Mensch ihn mit Sattel, Schwanzriemen und Zaumzeug versieht, um auf ihm zu reiten. »Und wenn ich dann alt werde und nicht mehr laufen kann«, sieht er voraus, »legt er auf mich einen Packsattel aus Holz und überliefert mich den Wasserholern; die laden dann Wasser aus dem Flusse auf meinen Rücken in Schläuchen und ähnlichen Dingen, wie Krügen. So lebe ich immer dahin in Niedrigkeit, Verachtung und Mühsal, bis ich sterbe; dann wirft man mich auf die Schutthaufen zum Fraße für die Hunde. Was kann schlimmer sein als solches Leid? Welches Unglück größer als dies?«[5] (III 228–229) So flieht der Esel vor dem Menschen. »Jetzt suche ich die Freiheit«, erklärt er; »ich will in meiner großen Furcht vor ihm (sc. dem Menschen, d.V.) immer weiter davonlaufen, vielleicht finde ich dann eine Stätte, die mir gegen den treulosen Menschen Schutz gewährt.«[6] Auch die Ente, das Pferd, das Kamel fliehen vor dem Menschen, und das zu Recht: ein alter, schwacher Zimmermann kommt und lockt mit seiner List sogar einen jungen Löwen trotz aller Warnungen seines Vaters in eine hölzerne Kiste, um ihn in einer Grube zu verbrennen. Nichts ist so arg, so arglistig für ein Tier wie der Mensch.

Und doch sind die armen Kreaturen nur das Vorbild für die Grausamkeit, mit der Menschen auch mit anderen Menschen umzugehen gewillt sind. Beides bedingt einander. Die Vorstellung ist eitel, man könne zu Tieren grausam sein, um das Wohl von Menschen zu fördern; vielmehr: wer sein Mitleid verstumpft am Leiden der Tiere, wird es nicht mehr besitzen im Umgang mit Menschen. Das Märchen von den *Bremer Stadtmusikanten* zeigt, wie man normalerweise mit Tieren verfährt: Gnadenhöfe für alt gewordene Esel, Hunde, Katzen und Hähne – das rechnete sich nicht, das bedeutete eine überflüssige Geldausgabe, das würfe Verlust, statt Gewinn ab. Also nur fort mit den unnütz gewordenen Tieren. Sie haben ihre Schuldigkeit getan ... Doch wenn so mit den Tieren, warum nicht also mit Menschen? In unseren Tagen der systematisierten Quälerei von Milliarden von Tieren in der »Massentierhaltung« bzw. in der sogenannten »Intensivhaltung« sowie der erbarmungslosen Kaltschnäuzigkeit in den Pharmalabors und in den Schlachthöfen sind Tiere nicht nur ein Symbol für das unmenschliche Leiden von Menschen, sie bilden durchaus auch die ersten Erprobungsobjekte für vieles, das man – an ihnen eingeübt – auf jene zu übertragen gedenkt; jedenfalls ist es ein und dieselbe Einstellung, mit der man, rein am wirtschaftlichen Nutzen orientiert, über die einen wie über die anderen hinweggeht. Natürlich stehen die sprechenden Tiere im Märchen der *Bremer Stadtmusikanten* für all die Menschen, die im »Betriebsleben« nichts zu sagen haben, doch stehen sie auch für das namenlose Leid all der Tiere, denen man jedes Gefühl abspricht, das sie Menschen vergleichbar machen würde[7]. Die bildhafte Sprache des Märchens, die das Schicksal von Menschen im Schicksal von Tieren darstellt, weiß um und erinnert zugleich an die spiegelbildliche Austauschbarkeit der einen gegen die anderen.

Freilich, auch im Märchen sind Tiere nicht gleich Tiere. Die Heerschar der Verzweifelten, als welche die Bremer Stadtmusikanten sich formieren, unterscheidet sich sehr zum Beispiel von jenem Gestiefelten Kater: dieser vermied es mit Klugheit und Keckheit, jemals zum Sklaven seines Herrn sich erniedrigen zu lassen – so gerade ward er dessen

»Minister«. Die Tiere in den *Bremer Stadtmusikanten* hingegen wurden nie als etwas anderes denn als Sklaven gehalten, und zwar für alle Zwecke, um derentwillen man Menschen als Sklaven zu halten pflegt(e): Sie haben keinerlei eigene Rechte; sie sind das bloße Eigentum derer, die sie eingefangen oder eingekauft und eben dadurch »rechtlich erworben« haben; man kann sie leben lassen, wenn man will, man kann sie töten lassen, wenn man will, man ist ihnen keinerlei Rechenschaft schuldig; man hat ein Recht, ihnen entgegen ihren eigentlichen Interessen und Neigungen Arbeitslasten aufzubürden und sie zeitlebens in mechanische, inhaltsleere, geistlose, abstumpfende Verrichtungen zu zwingen: belgische Pferde, eingesperrt in die ewige Nacht, in die Hitze, in den Staub eines Bergwerks, Hunde mit der Peitsche getrieben als Zugtiere, Hühner, zu Zehntausenden eingepfercht in die DIN A 4-Blatt großen Kammern einer »Legebatterie« oder, wie es neuerdings, um wenige Zentimeter Kantenlänge vergrößert, beschönigend heißt: einer »Kleinvoliere«; – ganz so der Transport, die Unterbringung, die Haltung, die Verwertung der Menschensklaven noch im 19./20. Jh. in den Südstaaten der USA, in den Gold- und Diamantgruben Südafrikas, in den Besatzungsgebieten Palästinas...[8] Man kontrolliert ihre Arbeitskraft, man kontrolliert ihre Reproduktion, man kontrolliert ihre Lebenszeit, – enteignet, entfremdet, entwürdigt für immer.

Und jetzt: eben diese Prototypen aller »Billiglohn-Arbeiter« zählen in »Unternehmer«-Sicht heutigentags tendenziell zu den Wunschphantasien eines globalisierten »Arbeitsmarktes«. Man zersplittert die Solidarität unter den »Arbeitnehmern«, man drängt sie weltweit in einen Konkurrenzkampf um die am schlechtesten bezahlten Arbeitsplätze, man schwächt und zerstört ihre (gewerkschaftlichen) Organisationsformen, mit denen sie sich gegenüber dem Lohndumping ihrer »Arbeitgeber« zur Wehr setzen könnten, man »privatisiert« ihre »Zukunftssicherung«, man läßt jeden einzelnen in immer größerem Ausmaß das Risiko von Arbeitsplatzverlust, Invalidität und Alter alleine tragen. Was, wenn die Arbeitskraft erlischt? Was, wenn ein Mensch keinen »Marktwert« mehr hat? Was, wenn er »überzählig« wird, weil er nichts Zählbares mehr einträgt? »Jeder muß heute Eigenverantwortung übernehmen«, verkündet, von führenden Wirtschaftsinstituten beraten, inzwischen sogar der Vorsitzende der deutschen Bischofskonferenz der katholischen Kirche, Kardinal Karl Lehmann zu Mainz; – was aber macht jemand, der, als nicht mehr vermittlungsfähig, mit 55 Jahren rund ein Jahr lang noch mit »Arbeitslosengeld I« abgespeist wird, um letztendlich dann doch nach mehr als drei Jahrzehnten Arbeitsleben als »Hartz IV«-Empfänger auf die unterste Stufe der gesellschaftlichen Rangpyramide hinuntergestoßen zu werden? Sollte er während seiner Erwerbstätigkeit etwas zu seiner Alterssicherung angespart haben, so zwingt ihn die »sozial«staatliche Bürokratie unter ständiger Aufsicht und Nachweispflicht, seine Rücklagen in genau den Portionen monatlich zu verbrauchen, die ihm hernach vom »Sozial«amt ausgehändigt werden: 345 Euro für 30 Tage, sprich: 11 Euro und 50 Cent pro Tag. – Was macht eine Frau, die zwei Kinder großgezogen hat und sich hernach mit 45 Jahren von ihrem Mann hat scheiden lassen? Wenn sie mit 20 einmal einen Beruf gelernt hat, wird sie aller Wahrscheinlichkeit nach ihn nicht mehr ausüben können; wenn ihr Mann, wie gewöhnlich, ihren Unterhalt vor Gericht immer weiter nach unten festsetzen lassen kann, bleibt ihr nur noch die Verpflichtung, sich selber um Arbeit zu bemühen: 20 Arbeitsgesuche pro Monat wird sie nachzuweisen haben, und egal, was sie annimmt – ihr »Mini-Lohn-Job« wird Eingang finden in die Erfolgsstatistik der Bundesregierung bei der Schaffung neuer Arbeitsplätze; und wenn sie auch zum Ableisten schlechtbezahlter Hilfsarbeiten zu alt sein sollte, – sie kann das Tempo zum Beispiel an der Kasse eines Supermarktes nicht mehr halten –, was dann? Die Werbung entdeckt soeben die Alten als potentielle und potente Konsumenten zur »Belebung der Binnennachfrage«; wer aber im Alter arm ist, der ist sich selbst überlassen, für den interessiert sich niemand mehr, es sei denn man wünscht, daß er endlich das Zeitliche segnet – daß er verschwindet und den anderen nicht länger zur Last fällt; ihr nunmehr unnütz gewordenes »Nutztier« *aus dem Futter zu schaffen*, dahin geht alsbald das Bestreben all dieser Herren und Halter von Esel, Hund, Katze und Hahn. »Wer nicht arbeiten will, soll auch nicht essen«, heißt es in der Bibel (2 Thess 3,10), doch meint sie damit Leute, die eigentlich arbeiten könnten und nur keine Lust dazu haben (wobei die Frage in diesem Paulus-Brief bezeichnenderweise sich gar nicht erst stellt, welche psychischen Gründe es geben mag, einen Menschen chronisch »lustlos« und »unwillig« sein zu lassen); wenn aber jemand sein Leben lang gearbeitet hat und einfach nicht mehr arbeiten kann, – was soll man dann von einer »Sozial«politik halten, die jenen Satz unverändert auf einen solchen in Anwendung bringt? Das Märchen der BRÜDER GRIMM beschreibt in einem zeitlichen Abstand von jetzt fast 200 Jahren einen erschreckenden gesellschaftlichen Zustand, bei dem wir nach vielerlei Umwegen wieder angekommen zu sein scheinen, – ein traurig stimmender Beitrag zu der zeitlosen Gültigkeit der Schilderung menschlicher Schicksale in der Sprache der Märchen.

Wie eine makabre Satire auf die »Arbeitssuche« unserer Tage jedenfalls mutet es an, wenn wir den »Esel« seinem »Herrn« davonlaufen sehen, um sich in der Großstadt (in »Bremen«) als Musikant zu versuchen. Was von den Sangeskünsten ausgerechnet eines Esels zu halten ist, dessen monströses I-Ah klingt wie eine rostige Wasserpumpe, darf als ein sprichwörtliches Beispiel für die typische Selbstüberschätzung jener Art von Dummheit gelten, die akustische Lautstärke mit Hörbarkeit in ästhetischem Sinne verwechselt (– ein nicht schlechter Kommentar, wie es scheint, auf die »Musik« im heutigen »Jugendstil«); ein kleines Kinderlied nach einem Text aus der Feder von HOFFMANN VON FALLERSLEBEN (1798–1874) aus dem *Lied der Deutschen* von 1841 bereits karikiert solch Möchte-gern-Künstlertum eselhafter Lautkundgabe:

> Der Kuckuck und der Esel,
> die hatten einen Streit,
> wer wohl am besten sänge, wer wohl am besten sänge,
> zur schönen Maienzeit, zur schönen Maienzeit.
>
> Der Kuckuck sprach: »Das kann ich«
> und fing gleich an zu schrein.
> »Ich aber kann es besser«,
> fiel bald der Esel ein.

Das klang so schön und lieblich,
so schön von fern und nah.
Sie sangen alle beide:
»Kuckuck, Kuckuck, i-a.«[9]

Das Motiv von den musizierenden Tieren ist bereits in einem mittelalterlichen Schwank nachweisbar[10], und es taucht noch einmal in der GRIMMschen Erzählung *Das Eselein* (KHM 144) auf; doch darf man den Unterschied nicht übersehen: Ein Gutteil der (nicht selten obszönen) Späße, die über den Esel vornehmlich in der Rolle eines ungelenken, doch vital verlockenden Brautwerbers (nach Art von APULEIUS' Roman *Der goldene Esel*[11]) schon seit der Antike in Umlauf sind, lassen den »Tierbräutigam«[12] als Verkörperung sexuell überwältigender Triebmacht auftreten oder auch als Sitz und Besitzer instinktiver Vernunft – im Kontrast zu den Ausweglosigkeiten einer verstandeseinseitigen Lebensführung. Von all dem kann indessen keine Rede sein bei dem Esel der *Bremer Stadtmusikanten*: Er sinnt nicht auf Liebesabenteuer, gepaart mit höfischem Emporkommen, er ist froh, wenn er noch eine Weile sein Dasein fristen kann, und dazu muß er notgedrungen einer Tätigkeit nachgehen, die seinen natürlichen Fähigkeiten nicht gerade in künstlerischem, um so mehr aber in appellativem Sinne entspricht: nicht mehr sein Rücken soll fürderhin seine Lebenslast tragen, – »freigesetzt« von der Lohnsklaverei steht es ihm frei, sich mit seiner Stimme als »Existenzgründer« zu versuchen: eine »Ich-AG« als Straßenmusikant kann er eröffnen. – Wenn jemals jemand in einigen Jahrzehnten diese Märcheninterpretation noch zur Hand nimmt, bemüht vielleicht, die »arme Tiere« seiner Tage zu verstehen, wird er vermutlich kopfschüttelnd zur Kenntnis nehmen, daß Anno Domini 2005 ff. Ausdrücke wie diese allen Ernstes, ohne jene Spottlust, die eines Kabaretts würdig wäre, von »Sozial«politikern erfunden und verwendet wurden, um den Bürgern die ins Grenzenlose ausufernden Ansprüche des Kapitals zum Zwecke seiner ungehemmten Selbstvermehrung als »Flexibilisierung« auf dem »Arbeitsmarkt« und als notwendige »Anpassung an den demographischen Faktor« zu verkaufen: In jenen Tagen begann man es als Problem zu betrachten, daß die (deutsche) Bevölkerung im Durchschnitt immer älter wurde; vom »Methusalem-Komplott« ging die Rede[13], und man meinte damit die Tatsache, daß noch in den 60er Jahren des 20. Jhs., in der Adenauer-Ära, das Durchschnittsalter bei 62 Jahren lag, während es 45 Jahre später irgendwo bereits bei 80 Jahren lag. »Darauf müssen wir reagieren«, erklärten unisono die Regierenden, doch vergaßen sie – mutwillig – einen anderen Faktor zu erwähnen, der eigentlich weit wichtiger ist: die Steigerung der Produktivität. Während ein Bauer vor 100 Jahren mit seiner Arbeit die Nahrungsmittel für etwa 10 Leute erzeugen konnte, versorgt er heutigentags mit einer vergleichbaren Arbeitsleistung etwa 130 Menschen. Das Problem besteht nicht darin, daß immer mehr Menschen immer älter werden, sondern daß immer weniger Menschen die Produktionsgewinne für sich einstreichen, während das Gros der Bevölkerung leer ausgeht. Schon gleich werden die *Bremer Stadtmusikanten* noch ihren Kommentar auf diese Besitzstandsverhältnisse ihrer »Herrschaften« abgeben …

Was das GRIMMsche Märchen in seiner Eingangsszene mit dem verzweifelten Entschluß des alternden Esels vor Augen stellt, ist ein tragisches Portrait, dessen man in den Verkaufspassagen aller Großstädte der Erde ansichtig wird: Menschen versuchen auf irgendeine Weise etwas zu tun, um sich das Notwendige zum Leben zu verdienen. Da hockt vor dem Eingang eines Kaufhauses jemand und spielt auf seinem Akkordeon mit klammen Fingern die »Schlager« einer vergangenen Zeit, da steht jemand mit einem »Bauchladen« vor dem Bahnhof, um Frankfurter Würstchen zu verkaufen, da kniet ein anderer am Straßenrand vor einem Hocker mit Schuhputzzeug und bietet den Passanten seine »Reinigungsdienste« an, wieder andere hoffen, als Straßenmaler auf der Freifläche vor einer Kirche ein paar Almosen zu erhaschen: – die Ausübung einer Tätigkeit, und sei sie noch so sinnlos, erregt doch etwas Aufmerksamkeit, und sie erspart die Peinlichkeit, die Erniedrigung bloßen Bettlertums. Kunst zur Erregung von Mitleid oder die Kunst, Mitleid zu erregen – wer will im Status eines Straßenmusikanten das eine vom anderen trennen? Die Polizei und das Ordnungsamt der Stadt jedenfalls werden die Beachtung so feiner Unterschiede sich nicht zur Vorschrift auferlegen. Wer kein »Gewerbe« angemeldet hat, der arbeitet illegal; wer ohne Genehmigung bettelt, der handelt ordnungswidrig; und vor allem: man muß unbedingt den Konsumwilligen vor den Einkaufstempeln der Städte den tristen Anblick all derer ersparen, die zu den Verlierern unseres marktliberalen Wirtschaftssystems geworden sind, man muß diese verkrachten Existenzen aus der Innenstadt verbannen, man muß ihnen im Falle notorischer Zuwiderhandlung die Aufenthaltsgenehmigung entziehen, man muß in jedem Fall dafür Sorge tragen, daß zumindest die Bahnhöfe und Parkanlagen endlich wieder »sauber« sind. Die Bremer Stadtmusikanten hätten es schwer im heutigen »Bremen«...

etwas Besseres als den Tod findest du überall

Um genau zu sein, muß man sagen, daß die Bremer Stadtmusikanten in Bremen gar nicht erst angekommen sind – sie *konnten ... die Stadt ... in einem Tag nicht erreichen*; statt dessen sind sie *abends in einen Wald* geraten, in dem sie *übernachten* wollten. Mit diesem »Wald« haben sie nun freilich ein geradezu klassisches Märchenterrain betreten, auf dem Lösungen für Probleme sich vorzubereiten pflegen, die mit den Mitteln des taghellen, zivilisierten Verstands nicht zu meistern sind; und so wird man gespannt sein dürfen, was ihnen im Schutze der schattigen Bäume zu nächtlicher Stunde einfallen wird, um sich aus ihrer prekären Lage zu helfen. Dabei haben sie den entscheidenden Schritt zu ihrer Rettung bereits wie unbeabsichtigt getan: Sie haben zueinandergefunden.

»Gleich und gleich gesellt sich gern«, sagt ein stabreimendes deutsches Sprichwort und trifft damit nicht ohne weiteres das richtige. Im Geschäftsleben gesellen sich aus Unternehmersicht am günstigsten die am meisten Ungleichen: die Reichen und die Armen, zueinander – die einen um als Arbeitgeber in der Position des Überlegenen das Lohnniveau zu drücken, die anderen weil sie als Lohnabhängige jemanden finden müssen, der sie in Arbeit und Brot bringt; untereinander wiederum treffen die Reichen, will sagen: die im Reichtum Gleichen, höchst ungesellig – als unerbittliche Konkurrenten aufeinander; und auch wer wenig besitzt, wird nicht gerade geneigt sein, in dem Habenichts von nebenan einen Verbündeten zu sehen. Es bedarf einer grundlegenden, alles verändernden Einsicht, damit die Bremer Stadtmusikanten zusammenkommen, – der Entdeckung einer Gleichheit nicht im Haben, sondern im Sein: es geht dem einen gleich wie dem anderen, und es geht ihnen allen gleichermaßen miserabel. Was der alte Jagdhund, japsend am Wege liegend, zu erzählen hat, ist genau die gleiche Geschichte, die soeben auf seine Weise der Esel erlebt hat: auch ihn wollte sein *Herr... totschlagen*, so daß er *Reißaus* nehmen mußte; es ist die gleiche Geschichte, welche die zahnstumpf und träge gewordene Katze vorzutragen weiß – auch ihr geht es *an den Kragen*: ihre *Frau* will sie *ersäufen*, da sie doch keine Mäuse mehr fängt; und es ist unverändert die nämliche Geschichte, die der Haushahn berichtet: ihm will man noch *heut abend den Kopf abschneiden* und anderen Tags ihn *in der Suppe essen*. All die Tiere haben brav bislang getan, was man von ihnen verlangt hat: Der Esel hat *lange Jahre die Säcke unverdrossen zur Mühle getragen*, der Hund hat sich redlich *müde gelaufen*, die Katze hat, wie sie sollte, *nach Mäusen* herumgejagt, und der Hahn hat *gut Wetter prophezeit*. Auch in ihrer Diensttreue waren sie alle einander gleich. Und nun: Jedes der »Tiere« gleichermaßen hat Grund, sein Leben verloren zu geben; jedes hat Grund zu Traurigkeit, Klage und Resignation; jedes hat Grund, sich auf schlimmste Weise ungerecht behandelt zu fühlen, und verfügt doch über keine Möglichkeit, dagegen anzugehen.

Was sie indessen vor allem miteinander verbindet und zu Verbündeten werden läßt, ist nicht allein die Gleichheit der Lage, in der sie sich befinden, es ist die Unausweichlichkeit, mit der sie in diese Lage geraten sind. Ist es nicht das Schicksal eines jeden, älter zu werden und eines Tages alt zu sein? Diese wesenhafte Gleichheit im Dasein ist das eigentlich verbindende Glied zwischen ihnen. Wenn es naturnotwendig doch einem jeden beschieden ist, so »unterwegs« zu sein, ist es dann nicht einfach nur »logisch«, sich wechselseitig als »Weggefährte« auch zu begreifen? Das ganze bisherige Konzept eines nur bedingungsweisen, leistungsabhängigen Lebens erweist sich mit mal als das, was es immer schon war: als eine einzige ungeheuerliche Überforderung, als eine Lebenslüge, die zu nichts anderem diente als zur Rechtfertigung einer vermeintlich zwangsläufigen Ausbeutungspraxis, in die man sich freilich nur allzugern fügte, solange man sich ihr gewachsen fühlte, – solange es gutging. Jetzt geht überhaupt nichts mehr gut; jetzt ist gekommen das Ende der Fügsamkeit; ab jetzt hebt an eine Lebensphase hellsichtiger Wahrheit: Kein Mensch, kein Tier lebt, um sich die Berechtigung seiner Existenz allererst im Dienst fremder Interessen zu verdienen; kein Mensch, kein Tier existiert, um durch seine Arbeit die Profite bestimmter Kapitaleigner in die Höhe zu treiben, bis daß diese so nett sind, von ihrem Überschuß zumindest so viel abzugeben, daß sich die »Arbeitskraft« ihrer »Angestellten« für eine Weile zu regenerieren vermag; nicht Mensch noch Tier bedingen sich dadurch, daß sie sich verdingen und verdinglichen lassen. Einen Menschen, der für Lohn arbeitet, möge man bewundern für das, »was er tut, aber wir verachten, was er ist«, schrieb WILHELM VON HUMBOLDT[14] (1767–1835). Irgendwann kehrt dieses Wissen um den Vorrang des Seins vor dem Tun machtvoll zurück, spätestens dann, wenn die Ohnmacht, weiterzumachen wie bisher, endgültig zum Umdenken zwingt. Aus der Arbeitsentlassung der »Lohnsklaven« wird eine Arbeitsniederlegung von »Freigelassenen«, die – endlich! – beginnen, sich selber als zuständig für ihr eigenes Leben zu entdecken.

Man kann diesen Umbruch der Grundeinstellung, der sich hier zwischen den Zeilen vollzieht, gar nicht groß genug würdigen. Die gesamte bürgerliche Ethik basiert auf den Voraussetzungen dessen, was jemand hat: er *hat* ein bestimmtes (sittliches oder wirtschaftliches) »Vermögen« – daraus ergeben sich bestimmte Ansprüche und »Titel«; er *hat* bestimmte Rechte – daraus ergeben sich bestimmte Pflichten; er *hat* bestimmte Verpflichtungen – daraus ergeben sich seine (sittlichen oder wirtschaftlichen) »Verbindlichkeiten«. Eine solche Moral läuft stets darauf hinaus, die Rechte des einen abzugrenzen gegen die Rechte des anderen; immer gilt dabei die Beziehung, daß der Umfang der Rechtstitel zunimmt mit dem Anwachsen dessen, worüber jemand verfügt; allzeit erscheinen deshalb in einer solchen Moral die Menschen wie Erbhofbauern, deren Grundstücke durch Hecken und Zäune klar voneinander getrennt sind. Ganz anders ist demgegenüber die Moralität, zu welcher an dieser Stelle die Bremer Stadtmusikanten gelangen.

Sie haben nichts mehr, sie können nichts mehr; nach den Vorstellungen des bürgerlichen Zusammenlebens verbindet sie eben deshalb sozial durchaus nichts mehr – mit ihnen ist's aus, sie sind am Ende. Doch gerade in dieser Situation eröffnet sich ihnen eine »artübergreifende«, universelle Solidarität, die alle Habenichtse der Erde vereint, – eine Moral, die gerade sie zu Bündnispartnern gegen den einzigen Feind werden läßt, der ihnen allen mit fortschreitendem Alter unerbittlich entgegentritt: gegen den Tod. Wenn doch alle Lebewesen wesentlich sterbliche sind, warum nur soll dann das Leben weiter sich fortsetzen als Kampf aller gegen alle um das pure Überleben?[15] Wer einmal die Absurdität dieser Todespraxis durchschaut hat, findet hin zu einer Altersweisheit gütiger Gelassenheit und großzügiger Gemeinsamkeit, und er wird nur wünschen, schon immer mit allen Kräften so gelebt zu haben, wie es jetzt, mit ersterbenden Kräften, als einzig vernünftig sich erweist. Womöglich offenbart sich wirklich erst in Alter, Krankheit und Todesnähe, woran wir mit uns selbst sind. »Wir haben nichts in die Welt mitgebracht«, heißt es im *Ersten* (unechten) *Brief* (des hl. Paulus) *an Timotheus*; »darum werden wir auch nichts hinausbringen. Wenn wir aber Nahrung und Kleider haben, so wollen wir uns daran genügen lassen. Denn«, mahnt dieser unbekannte urchristliche Autor weiter, »die reich werden wollen, die fallen in Versuchung und Verstrickung und in viele törichte und schädliche Begierden, welche die Menschen versinken lassen in Verderben und Verdammnis. Denn Geldgier ist die Wurzel alles Übels.« (1 Tim 6,7–10)

und Räuber sitzen daran und lassen's sich wohl sein

Nun kann sich's »genügen lassen« an Nahrung und Kleidung nur, wer sie hat. Mit »Kleidung« hat Mutter Natur die Bremer Stadtmusikanten fürsorglich ausgestattet, aber an Nahrung, die sie bisher auf so unnatürliche Weise sich zu verdienen hatten, mangelt es ihnen empfindlich. Und genauso brauchen sie ein Dach über dem Kopf. Ein erstes Provisorium findet sich, indem ein jedes der Tiere sich daran »erinnert«, daß einmal die freie Flur in Wald und Feld ihm entsprechend seinen Eigenarten Heimat und Heim zu sein versprach; und so geschieht es: *Der Esel und der Hund legten sich unter einen großen Baum, die Katze und der Hahn machten sich in die Äste, der Hahn aber flog bis in die Spitze, wo es am sichersten für ihn war.* Mit einem Wort: die Tiere lernen wieder, sich auf sich selber zu besinnen. Erst kommt das Leben, dann das Ordnungsamt, – so und nicht anders ist es in der »Ordnung« der Dinge. Anderseits finden die kulturgewohnten Haustiere, daß für sie, auf die Natur zurückgeworfen, im Wald allein *die Herberge schlecht* ist. Wind und Regen, muß man sich vorstellen, machen es Lebewesen, die frei herumstreifen, ohne sich in selbstgeschaffene Höhlen und Nester zurückziehen zu können, unter Umständen doch recht ungemütlich. Und siehe da: der Hahn auf seinem Sicherheitshochsitz erspäht, statt der heranziehenden Wetter, *in der Ferne ein Fünkchen*, das ihn ein Haus zu sein deucht, und der Esel, der bis dahin schon das ganze Unternehmen organisierte, schlägt nun vor, sich aufzumachen und dort hinzugehen; auch der Hund pflichtet ihm bei: *ein paar Knochen und etwas Fleisch dran*, findet er, *täten ... gut.*

Wie aber soll die Sache nun vor sich gehen? In einer Welt, da jeder einzelne seinem Herrn und Halter schon zuviel war, wollen diese Desperados nun zu viert auf Logis und Verpflegung hoffen? Ein phantastisches Unterfangen! Eine Erwartung ohne Plan, ein gerichteter Gang ohne Vorsatz, ein Weg mit einer Aussicht ohne klare Absicht. »Schau mer ma«, pflegt man in Bayern in solch einer Lage zu sagen: man schaut mal nach, ohne Vorstellung, was dabei herauskommt. Gleichwohl scheinen die Tiere auf so etwas zu spekulieren wie auf eine Arche Noah, – eine Herberge für Esel, ein Asyl für Hunde, eine Villa Samtpfötchen für Katzen, einen Hühnerhof mit Auslauf für den Hahn ... Es handelt sich, müßte ein Vertreter des erkenntnistheoretischen Realismus zweifellos sagen, um ein reines Wunschdenken ohne jeden Wirklichkeitsbezug. Doch was die Tiere dann vorfinden, übertrifft bei weitem all ihre Mutmaßungen: sie gelangen *vor ein hell erleuchtetes Räuberhaus.*

Es ist dies die Stelle der ganzen Erzählung, die auch für den Leser am meisten überraschend wirkt. Denn woher nur wissen die Tiere so prompt, daß es *Räuber* sind, die dort hofhalten? Gewiß: »im Wald, da sind die Räuber«, singt sich's nach alter Weise noch immer fröhlich im Volk[16], und so lernt es aus Sagen und Balladen jedes Schulkind. Doch wieso hat man jede Ansammlung von Männern im Walde, die in einem Haus zusammensitzen und schmausen, augenblicklich schon für eine kriminelle Vereinigung zu halten? Die Tiere rücken näher, um dieses sonderbare Haus genauer zu observieren. Es ist der Esel, der *als der größte* durchs Fenster schaut und seinen Kompagnons vermeldet, er sehe einen *gedeckten Tisch mit schönem Essen und Trinken*. Natürlich, daß diese Mitteilung das Verlangen der hungrigen Tiere noch weiter steigert. Für den Moment sieht in der Tat alles so aus, als wenn ihr bloßer Wunsch Macht hätte auch über ihr Rechtsgefühl – sie stellen untrüglich fest: Bei diesen Herren am gedeckten Tische muß es sich um Räuber handeln! Der Nutzen dieser Schlußfolgerung ist leicht einzusehen: Nur wenn es sich so verhält, besitzen die Tiere ein Recht, jene Räuber zu berauben und sich »erlaubtermaßen« in ihren widerrechtlichen Besitz zu bringen. Zwar nimmt ein solches Denken auf das Gewaltmonopol des Staates und die Gerichtshoheit einer »zivilisierten« Rechtsprechung nicht gerade besondere Rücksicht, doch inmitten einer Welt der prinzipiellen Rechtlosigkeit, in einer Welt, da man jedem den Hals umdreht oder abschneidet, der zum Geldverdienen nicht länger mehr taugt, zeugt eine solche Haltung, lediglich Räuber berauben zu wollen, bereits von einem entwickelten Rechtsempfinden, – das muß man anerkennen!

Also *ratschlagten die Tiere, wie sie es anfangen müßten, um die Räuber hinauszujagen.* Ein gewalttätiges Vorgehen, das ist ihnen klar, kommt für sie durchaus nicht in Betracht, davon verstehen die mutmaßlichen Räuber allemal mehr. So kommt es zu jener Szene, die das Märchen der *Bremer Stadtmusikanten* unsterblich und geradewegs zum Wahrzeichen der Freien und Hanse-Stadt Bremen gemacht hat (vgl. Abb. 7): *Der Esel mußte sich mit den Vorderfüßen auf das Fenster stellen, der Hund auf des Esels Rücken springen, die Katze auf den Hund klettern, und endlich flog der Hahn hinauf und setzte sich der Katze auf den Kopf.* Und in dieser Formation lassen sie nun im Chor, so gewaltig es geht, ihre Stimmen erschallen; es ist zum ersten Mal, daß sie *ihre Musik* aufführen, und der Erfolg ist durchschlagend: *der Esel schrie, der Hund bellte, die Katze miaute, und der Hahn krähte; dann stürzten sie durch das Fenster in die Stube hinein, daß die Scheiben klirrten.* Die Räuber fuhren bei dem entsetzlichen Geschrei in die Höhe, meinten nicht anders, als ein Gespenst käme herein, und flohen in größter Furcht in den Wald hinaus, – Gelegenheit endlich den Tieren, sich an dem, was die Räuber übriggelassen, nach Herzenslust gütlich zu tun: sie *aßen, als wenn sie vier Wochen hungern sollten,* – so üppig, man denke, schlemmen nur Räuber. Auch dies ein Indiz in der Beweiskette zur Rechtfertigung eines derartigen Vorgehens. Ein gelungenes Bubenstück!

Doch was da so leicht und lustig einherkommt, ist alles andere als ein nur schelmenhafter Klamauk. Wir müssen nur einen Moment lang für möglich halten, daß es gar nicht nur das »Wunschdenken« armer Tiere ist, die reich prassenden Burschen im Walde für ausgemachte Diebe zu erklären, – und das ganze Bild verändert sich schlagartig: Angesichts so vieler leerer Mägen so vieler Menschen, die sich in dieser Welt wie »Esel« vorkommen müssen, weil sie den aus allen Nähten platzenden Wohlstand der Reichen nicht zu begreifen vermögen, angesichts all derer, die sich, ausgesetzt auf den Straßen der Städte, wie »arme Hunde« oder wie »regennasse Katzen« empfinden, angesichts all derer, die nur hahnengleich schreien können vor Angst, Schmerz und Verzweiflung, scheint es auf elementare Weise evident, daß es sich bei einer Gruppierung von Leuten, die es sich unbedarft und ungestraft wohlergehen lassen, nur um Räuber und Gauner handeln kann. Es ist die Jammermusik der »Tiere« selbst, es ist ihr sehnsüchtig wütendes Klagegeschrei, das diese Bande feister Genießer holzschnittartig ihres räuberischen Charakters überführt. Der französische Sozialphilosoph PIERRE-JOSEPH PROUDHON (1809–1865) formulierte als erster diese Einsicht: »Eigentum ist Diebstahl« (*Qu'est-ce-que la propriété?* – Was ist Eigentum?, 1840[17]). Nach allem, was die »Tiere« durchgemacht haben, kann man nur bestätigen, daß es sich so verhält. Niemandem gehört irgend etwas, – das war, geflohen von Haus und Hof, ihre Grunderkenntnis; kein Mensch hat einen Anspruch auf irgend etwas auf Erden; daraus ergibt sich, daß allen alles gemeinsam ist, daß die Erde mit all ihren Gaben allen gehört und daß schon derjenige einen Diebstahl begeht, der behauptet: »Dieser Boden ist mein.« »Dieses Haus ist mein Eigentum.« »Dieses Guthaben gehört mir.« – »Wir haben nichts in die Welt mitgebracht« – *so* ist es.

Doch eben hier scheiden sich die Geister. Diejenigen, die in bürgerlichem Sinn für »begütert« gelten dürfen, werden sich wehren gegen die Radikalität solcher Ansichten. All ihr »wohlerworbenes Eigentum« soll ihnen als Raub und Diebstahl zum Vorwurf gemacht werden können? Solche Ideen auch nur stellen in ihren Augen alles in Frage: Staat und Gesellschaft, Kirche und Sittlichkeit, Recht und Ordnung, Wirtschaft und Verwaltung – die Fundamente des Zusammenlebens. Die anderen wiederum, die Entwurzelten und Entrechteten, können nicht glauben noch akzeptieren, daß es um eine Gemeinschafts-»Ordnung« rechtens bestellt sei, die einen beträchtlichen Teil der Bevölkerung systematisch ausschließt und zur sozialen wie physischen Vernichtung bestimmt, nur zum Beispiel bereits im Falle fortschreitenden Alters und einer dadurch reduzierten Arbeitsleistung. Für die »ordentlichen« Bürger ist das »Musikstück«, das die Bremer Stadtmusikanten hier zur Aufführung bringen, in allen Punkten ungesetzlich und widerrechtlich: Hausfriedensbruch ist der Anfang, Hausbesetzung das Resultat. Das ganze Gebaren der »Tiere« (dieses »vertierten Teils der Menschheit«) mutet den »Hausbesitzern« an wie ein Alptraum, doch begreifen sie schwerlich das Prinzipielle in dieser Aktion.

Keinesfalls nämlich handelt es sich hier um einen einfachen Akt von »Mundraub«, begleitet von einem wüsten Schabernack; worum es geht, ist der »Einbruch« einer neuen, revolutionären Weltbetrachtung, um die »Einführung« einer Geistesart, die den guten Bürgern in der Tat »gespenstisch« vorkommen muß. »Ein Gespenst geht um in Europa«, schrieb denn auch KARL MARX (1818–1883) in seiner Einleitung zum *Manifest der Kommunistischen Partei* im Jahre 1848: »– das Gespenst des Kommunismus. Alle Mächte des alten Europa haben sich zu einer heiligen Hetzjagd gegen dies Gespenst verbündet, der Papst und der Zar..., französische Radikale und deutsche Polizisten.«[18] Und er erklärte: »In der bürgerlichen Gesellschaft ist die lebendige Arbeit nur ein Mittel, die aufgehäufte Arbeit (sc. das Kapital, d.V.) zu vermehren... – Und die Aufhebung dieses Verhältnisses nennt die Bourgeoisie Aufhebung der Persönlichkeit und Freiheit! Und mit Recht. Es handelt sich allerdings um die Aufhebung der Bourgeois-Persönlichkeit, -Selbständigkeit und -Freiheit... – Ihr entsetzt euch darüber, daß wir das Privateigentum aufheben wollen. Aber in eurer bestehenden Gesellschaft ist das Privateigentum für neun Zehntel ihrer Mitglieder aufgehoben; es existiert gerade dadurch, daß es für neun Zehntel nicht existiert. Ihr werft uns also vor, daß wir ein Eigentum aufheben wollen, welches die Eigentumslosigkeit der ungeheuren Mehrzahl der Gesellschaft als notwendige Bedingung voraussetzt. – Ihr werft uns mit einem Worte vor, daß wir euer Eigentum aufheben wollen. Allerdings, das wollen wir.«[19]

Wenn es so steht, versteht man die innere Logik dieser Weltdeutung: Wer inmitten von »Wirtschaftsasylanten« und »Hungerflüchtlingen« allen Ernstes ein Haus sein Eigen nennt, konnte es erwerben, weil er Geld und Gut anhäufte, obgleich andere zur selben Zeit mit ihrer Hände Arbeit noch nicht einmal genug verdienten, um sich ihr täglich Brot erwerben zu können; wer inmitten von »Wirtschaftsasylanten« und »Hungerflüchtlingen« allen Ernstes ein Haus sein Eigen nennt, unterhält es mit Überfluß und Reichtum, obgleich andere zur selben Zeit mühevoll ihr Dasein fristen; wer inmitten von »Wirtschaftsasylanten« und »Hungerflüchtlingen« allen Ernstes ein Haus sein Eigen nennt, lebt in Pracht und Luxus, obgleich andere zur selben Zeit noch nicht einmal ein Dach über dem Kopf ihr Eigen nennen können. Armut, Elend und Verzweiflung – so die Geisteshaltung von Kommunisten und Urchristen – lassen sich nicht durch (eine) noch eifrigere Vermehrung von noch mehr Prunk und von noch mehr Schätzen – auf daß es irgendwann denn doch für alle reichen möge – aus der Welt schaffen, sondern nur durch Beschränkung, Verzicht und Teilen. Was aber, wenn die Einsicht in die Notwendigkeit zur Selbstbeschränkung den »Räubern« durchaus nicht kommen will, wenn die Bereitschaft zum freiwilligen Konsumverzicht partout nicht reifen möchte, wenn der Entschluß zum Teilen so lange auf sich warten läßt, daß darüber die »armen Tiere« eins ums andere Hungers krepieren? – Wer inmitten von »Wirtschaftsasylanten« und »Hungerflüchtlingen« allen Ernstes ein Haus sein Eigen nennt, muß es anderen weggenommen, geraubt haben, und man hat folglich – so die Weltsicht aller »armen Tiere« der

Welt – ein Recht, die ursprüngliche Ordnung wiederherzustellen, indem man ihn daraus vertreibt. Man kann dabei nicht eigentlich sagen, daß die Bremer Stadtmusikanten die »Räuber« verjagen; es ist lediglich der schreckliche Eindruck, den das Geheul ihrer Armut verbreitet, der die »Hausbesitzer« Reißaus nehmen läßt, ganz als käme der leibhaftige Gottseibeiuns über sie. Die Entdeckung, welche die »Räuber« soeben machen, ist allerdings just dieselbe, welche den »Tieren« wurde, als man sie »freisetzte«: Es darf nicht sein, daß Menschen mit ihrer vermeintlichen Habe sich dem Wissen um die Wesensarmut aller versperren; materiell ist es Diebstahl, geistig ist es Hochmut und Lüge, etwas für sich als Eigentum zu umklammern. – RAINER MARIA RILKE (1875–1926) war es, der darüber im *Stundenbuch* die klagend-anklagenden Verse notierte:

> Sie sagen *mein*, wie manchmal einer gern
> den Fürsten Freund nennt im Gespräch mit Bauern,
> wenn dieser Fürst sehr groß ist und – sehr fern.
> Sie sagen *mein* von ihren fremden Mauern
> und kennen gar nicht ihres Hauses Herrn.
> Sie sagen *mein* und nennen das Besitz,
> wenn jedes Ding sich schließt, dem sie sich nahn,
> so wie ein abgeschmackter Charlatan
> vielleicht die Sonne sein nennt und den Blitz.
> So sagen sie: mein Leben, meine Frau,
> mein Hund, mein Kind, und wissen doch genau,
> daß alles: Leben, Frau und Hund und Kind
> fremde Gebilde sind, daran sie blind
> mit ihren ausgestreckten Händen stoßen.[20]

Diese unwiderlegbare Wahrheit im Grunde ist es, welche im GRIMMschen Märchen die Reichen, die Häuserbesitzer als »Räuber« erscheinen läßt und sie in die Flucht treibt.

und ... der Richter, der rief: ›Bringt mir den Schelm her‹

Wären nur erst die Güter der Welt, weil sie niemandem gehören, auf alle Bedürftigen verteilt, so fiele bald schon gewiß, wie im Märchen der *Bremer Stadtmusikanten*, ein wohltätiger Schlaf über alle. Die »Tiere« haben gegessen, wie man die Armen der »Unterschicht« allenthalben Nahrung aufnehmen sieht: nicht in diätetischen Portionen, sondern gierig, restlos, bis nichts mehr da ist, so als gälte es, jetzt schon dem drohenden Mangel von morgen entgegenzuwirken. Paradoxerweise zählt eine gewisse Übergewichtigkeit zu den charakteristischen Merkmalen der meisten »armen Tiere« und »Hungerleider«, solange sie nicht tatsächlich über längere Zeit unter gravierenden »Nahrungsengpässen« in der »Lebensmittelversorgung« zu leiden haben. Was man »intus« hat, kann einem nicht mehr weggenommen werden. Es ist immer noch ein Stück Angst in all der Gier, mit der die Tiere sich über die Tafel der Räuber hermachen. Wie berechtigt freilich ihr uneingestandenes »Angstessen« ist, zeigt sich sogleich in den Überlegungen der »Räuber«, die, noch während die Tiere schlafen, schon wieder auf ihre Rückkehr sinnen. Auf eine Revolution folgt in der Geschichte zumeist eine »Gegenrevolution«, eine reaktionäre Restauration des *ancien régime*; es muß schon ein Märchen sein, das davon kündet, für diesmal hätten die Räuber die Partie verloren, und zwar aus einem einfachen Grunde: sie hätten denn doch latente Schuldgefühle gehabt, die sie zu Fehlwahrnehmungen der kuriosesten Art verleitet hätten.

»Wir hätten uns doch nicht sollen ins Bockshorn jagen lassen«, spricht in dem Märchen der *Hauptmann* der Räuberbande zu seinen Komplizen. »Ins Bockshorn jagen« – diese Redewendung besagt soviel wie »sich einschüchtern lassen« – das »Bockshorn« könnte sich aus einer Umdeutung von »bockes hamo« – dem »Ziegenfell« ergeben haben, in welches man bei einem Rügegericht einen Übeltäter zu stecken pflegte, den man dann querfeldein hetzte[21]. Die Räuber nun gedenken ihrerseits, die »Gespenster« oder was immer sie in die Flucht trieb, aus dem Felde zu schlagen. So schickt der Hauptmann jemanden zurück in das ruhig daliegende Haus, in dem die Lichter gelöscht sind, um die Lage auszuspionieren. Doch dieser Agent in geheimer Mission scheint nicht der Mutigsten einer zu sein: Um die bengalische Dunkelheit aufzuhellen, versucht er, in der Küche ein Licht anzuzünden, hält aber fälschlich *die glühenden, feurigen Augen der Katze für lebendige Kohlen*, und wie er *ein Schwefelhölzchen* daran anzünden will, springt ihm die Katze, die auf den *Herd* in *die warme Asche* sich gelegt hatte, wie eine Kratzbürste wütend gerad ins Gesicht. Und nicht viel besser ergeht es ihm mit den anderen Tieren. Kaum will er ängstlich, *zur Hintertüre hinaus*, das Hasenpanier ergreifen, da beißt ihn *der Hund... ins Bein*, und wie er, *an dem Miste* vorbei, über den Hof rennt, versetzt ihm der Esel *einen tüchtigen Schlag mit dem Hinterfuß*, und der Hahn, aufgeweckt von dem Tumult, kommentiert die Vorkommnisse *vom Balken herab* mit einem markdurchdringenden *Kikeriki*. So der »reale« Hergang der Ereignisse.

An Erfahrungen eingeholt haben könnte unser Räuberspion damit eigentlich genug, um seinem Kommandanten präzisen Bericht zu erstatten von der desorganisierten Wirtschaft wild gewordener Viecher. Doch was er vermeldet, ist von ganz anderer Art. Es ist durch und durch phantastisch, weil es auf einer unerhörten Voraussetzung beruht: dieser Mann hält die »Tiere« wirklich für Menschen! Ein zutiefst irritierender, unheimlicher Vorgang, gespenstischer noch als die »Gespenster« von vorhin! Da wähnt er die Katze als *eine greuliche Hexe, die* ihm *mit ihren langen Fingern ... das Gesicht zerkratzt* habe, in dem Hund vermeint er einen *Mann mit einem Messer* zu erkennen, der ihm *ins Bein gestochen*, den Esel *auf dem Hof* erschaut er als *ein schwarzes Ungetüm*, das *mit einer Holzkeule auf* ihn *losgeschlagen –*, doch all diese Einzelmaßnahmen mutwilliger Selbstjustiz gewinnen ihre höchstrichterliche Legalität und Legitimität durch den helltönenden Schrei des Hahnes, in dem der Halunke schon seinen Haftbefehl ausgerufen hört: »Bringt mir den Schelm her.« Was da vom Dach herab mit schriller Stimme in aller Ohren dringt, ist nicht der Ruf eines hilflosen Hahnes, es ist das Echo des eigenen schlechten Gewissens der Räuber. Wenn etwas ihnen gehört, so gehört ihnen dieses, und es ist mächtig genug, sie in alle Zeit daran zu hindern, die alten Zustände wiederherstellen zu wollen.

Dies aber ist das eigentlich Märchenhafte an diesem Märchen: daß es – mit heiterem Augenzwinkern – die revolutionäre Gewalt, die in ihm liegt, vermeidet, indem es sie in das Gewissen der strukturellen Gewalt der Besitzenden selber verlegt. Als eine Geschichte von alt Gewordenen ist es selber milde geworden, und so mag man bezweifeln, daß es sich jemals gesellschaftspolitisch durchzusetzen vermag. Doch wann wäre Gewalt je tauglich gewesen, Weisheit zu lehren?

In den *Bremer Stadtmusikanten* stehen die »Alten« für eine Wahrheit, ohne die kein Gemeinwesen Bestand haben kann. Es gibt eine Forderung der Menschlichkeit im Umgang mit all den hilflos gewordenen Alten, welche die BRÜDER GRIMM in der Mahnerzählung *Der alte Großvater und der Enkel* (KHM 78) als Verpflichtung aller Kinder ihren Eltern gegenüber hinzustellen suchen. Wer demgegenüber die Alten im Interesse von Leistung und Machtgewinn für »überflüssig«, für »lästig«, für »Friedhofsgemüse« erklärt, wie es im Nazi-Deutsch hieß, der reißt nicht nur die Einheit des Menschlichen auseinander, der verleugnet ganz einfach die Grundbedingung unserer irdischen Existenz als sterblicher, ausgesetzter, hinfälliger Wesen: Wir alle leben allein aus Gnade.

Wohl, »Bremen« wird im ersten Drittel des 19. Jhs. zunehmend zum Zielort der Landflüchtlinge ganzer Regionen in Mecklenburg-Vorpommern, im Lippischen, im Hunsrück werden – in vielen ländlichen Gebieten, in denen immer mehr Menschen unter dem Druck der Industrieproduktion des heraufziehenden Maschinenzeitalters »erübrigt« werden. Ihr Weg führt über Bremen nach Bremerhaven, nach Cuxhaven oder nach Hamburg und geht von dort weiter nach Übersee. Es sind die Auswanderungsrouten von Menschen auf der Suche nach einer buchstäblich »anderen« Welt. Die aber ließ sich schon damals nicht wirklich finden in den Weiten des Westens der USA oder in den Wäldern Brasiliens; die Welt, in der wir heute leben, hat sich erst recht geschlossen – sie erlaubt den Armen nicht einmal mehr ein räumliches Entrinnen aus ihrem Elend: 1200 km Zaun trennen inzwischen die Reichen Nordamerikas von den Armen Mittelamerikas, Hunderte von Kilometern Mauer trennen die Armen in Palästina von den vergleichsweise Reichen in »ihrem« gelobten Land, elektronische Wachanlagen und Seestreitkräfte im Mittelmeer hindern das Einwandern Tausender von »Bootsflüchtlingen« in die Küstenregionen Südeuropas.

Eine »andere« Welt kann es nur geben durch eine Änderung unseres gesamten Gesellschaftssystems.

... *der das zuletzt erzählt hat, dem ist der Mund noch warm,* – mit diesen Worten endet das Märchen von den *Bremer Stadtmusikanten*; seine brennende Aktualität ist spürbarer denn je: Wovon sie kündet, ist nicht eine neue Variante zur »Rentendebatte«, zu »Pflegesätzen« und »Vorsorgemaßnahmen« der gesetzlichen wie privaten Alterssicherung; was sie anmahnt, ist die Rückerinnerung an eine verlorene Dimension der Menschlichkeit, wie sie ganz entsprechend der symbolischen Darstellung des GRIMMschen Märchens in dem Bild MEISTER BERTRAMS (um 1340–1415) von der Erschaffung der Tiere (um 1380) sichtbar wird (Abb. 8): Der Segen des Schöpfers ruht in diesem Gemälde der Gotik unterschiedslos auf all seinen Kreaturen, die doch nur sind auf Grund einer Liebe, die möchte, daß es sie gibt. Die ganze Welt könnte ein Paradies sein, ein *Haus,* darin es *den vier Bremer Musikanten,* stellvertretend für alle »Freigesetzten«, so wohl gefällt, *daß sie nicht wieder heraus wollten.*

Und so ist innerlich auch dies als eine Art »Hausbesetzung« zu verstehen: es nach und nach zu lernen, den Freiraum des Lebens zu betreten, der sich öffnet, sobald wir uns von den verfremdenden Zwecksetzungen und Planungsvorgaben unseres Daseins zu lösen beginnen. All die verinnerlichten Schuldgefühle, sobald wir unsere Zeit nur einmal »sinnlos« vertun und »unnütz« vergeuden, basieren auf dem Minderwertigkeitsgefühl, nicht wirklich etwas »wert« zu sein, wenn wir nicht durch »Wertschöpfung« etwas »leisten«; doch der wahre Grund unseres Lebens besteht in jener heiligen Angstfreiheit, wie sie in der Bergpredigt anklingt in Worten, die provozierend sind in ihrer Einfachheit und unwiderleglich wahr in ihrer Weisheit: »Sorgt nicht um euer Leben, was ihr essen und trinken werdet; auch nicht um euren Leib, was ihr anziehen werdet. Ist nicht das Leben mehr als die Nahrung und der Leib mehr als die Kleidung?« (Mt 6,25) Gerichtet waren diese Worte einmal gerade nicht an die Wohlhabenden und in Luxus Schwelgenden, sondern an die Tagelöhner und Barfußgeher: »Seht die Vögel unter dem Himmel an: sie säen nicht, sie ernten nicht, sie sammeln nicht in Scheunen; und euer himmlischer Vater ernährt sie doch. Seid ihr denn nicht viel mehr als sie? ... Und warum sorgt ihr euch um die Kleidung? Schaut die Lilien auf dem Feld an, wie sie wachsen: sie arbeiten nicht, auch spinnen sie nicht. Ich sage euch, daß auch Salomo in aller seiner Herrlichkeit nicht gekleidet gewesen ist wie eine von ihnen.« (Mt 6,26–29)

In der Vision einer solchen befriedeten Menschlichkeit, eines solchen »Tierfriedens«, werden die Worte verständlich, mit denen im *Stundenbuch* RAINER MARIA RILKE darüber nachsann, daß allein in der Entdeckung der Armut Gott selbst sichtbar werde; er schrieb:

Des Armen Haus ist wie ein Altarschrein.
Drin wandelt sich das Ewige zur Speise,
und wenn der Abend kommt, so kehrt es leise
zu sich zurück in einem weiten Kreise
und geht voll Nachklang langsam in sich ein.

Des Armen Haus ist wie ein Altarschrein.

Des Armen Haus ist wie des Kindes Hand.
Sie nimmt nicht, was Erwachsene verlangen;
nur einen Käfer mit verzierten Zangen,
den runden Stein, der durch den Bach gegangen,
den Sand, der rann, und Muscheln, welche klangen;
sie ist wie eine Waage aufgehangen
und sagt das allerleiseste Empfangen
langschwankend an mit ihrer Schalen Stand.

Des Armen Haus ist wie des Kindes Hand.

Und wie die Erde ist des Armen Haus:
Der Splitter eines künftigen Kristalles,
bald licht, bald dunkel in der Flucht des Falles;
arm wie die warme Armut eines Stalles, –
und doch sind Abende: da ist sie alles,
und alle Sterne gehen von ihr aus.[22]

Zu den Abbildungen

Abb. S. 7: ANDREAS PAUL WEBER: Unkenfraß. Lithographie um 1963, als Zeichnung entstanden 1934/35, © VG Bild-Kunst, Bonn 2007.
Ein Krötenungeheuer verschlingt wahllos Menschen; Angst und Schrecken breiten sich unter den Menschen aus.

Abb. 1: CASPAR DAVID FRIEDRICH: Der einsame Baum, Öl auf Leinwand, 55 x 71 cm, Alte Nationalgalerie Berlin.

Abb. 2: FRANZ RADZIWILL: Siel bei Petershörn, Öl auf Leinwand auf Holz, 79,5 x 80,5 cm, © VG Bild-Kunst, Bonn 2007.

Abb. 3: »Einer wilden Katzenart konnte man in alter Zeit häufig in Ägypten begegnen: der kurzschwänzigen Rohrkatze (*Felis chaus*), einem kräftigen und angriffslustigen Raubtier vor allem der Rohr- und Schilfdickichte. Sie und nicht ihre domestizierte Verwandte, die von der nubischen Falbkatze (*Felis silvestris libyca*) abstammt, ist wohl auch das Urbild der ›großen Katze, die in Heliopolis ist‹, von der das Totenbuch spricht, das uralte Geschöpf der Sonne, das den Menschen seinen Schutz angedeihen läßt und die Schlange des Bösen am Fuß des heiligen Baumes zerreißt.« (GEORGES POSENER: Dictionnaire de la civilisation égyptienne, 1960; dt.: Lexikon der ägyptischen Kultur, übers. v. Jürgen und Irmgard von Beckerath, Vorw. v. Hans Wolfgang Müller, Wiesbaden (Löwit V.) o. J., 122) Im Grab des Anhur-châu in der 20. Dynastie in Theben-West findet sich dieses Bild, auf dem der Große Kater von Heliopolis, ein Mischwesen mit Löwenkopf und Hasenohren, die Apophis-Schlange tötet.

Abb. 4: ANDREAS PAUL WEBER: Unser täglich Brot, 1964, 42 x 32,5 cm, in: Kritischer Kalender 1965. 27 Lithographien von A. Paul Weber, 7. Jg., Schretstaken über Hamburg/Bergedorf, Nr. 24, © VG Bild-Kunst, Bonn 2007.

Abb. 5: ANDREAS PAUL WEBER: sie fressen alles, 1966, 43,5 x 36 cm, in: Kritischer Kalender 1967. 27 Lithographien von A. Paul Weber, 9. Jg., Schretstaken über Hamburg/Bergedorf, Nr. 14, © VG Bild-Kunst, Bonn 2007.

Abb. 6: GABRIELE MÜNTER: Der Schreck, 1926, 52 x 43 cm, Öl auf Leinwand, Murnau, Schlossmuseum. © VG Bild-Kunst, Bonn 2007.

Abb. 7: Bremer Stadtmusikanten, Foto: Gerd Luers, AvanCarte GmbH, 28207 Bremen, Insterburger Str. 16/18.

Abb. 8: MEISTER BERTRAM (Bertram von Minden, um 1340–1414): Die Erschaffung der Tiere. Aus dem Petrikirchenaltar in Hamburg, Hamburger Kunsthalle.

Anmerkungen

Einleitung

1 Vgl. E. DREWERMANN: Hänsel und Gretel. Märchen Nr. 15 aus der Grimmschen Sammlung, Zürich–Düsseldorf 1997 (Neudruck, Düsseldorf 2004).
2 Vgl. E. DREWERMANN: Der Gevatter Tod, in: Der Herr Gevatter. Der Gevatter Tod. Fundevogel. Arzt und Tod im Märchen, Olten–Freiburg 1990, 27–53 (Neudruck, Düsseldorf 2004).
3 Vgl. E. DREWERMANN: Das Mädchen ohne Hände. Märchen Nr. 31 aus der Grimmschen Sammlung, Zürich–Düsseldorf (1981) [13]1999 (Neudruck, Düsseldorf 2004).
4 Vgl. E. DREWERMANN: Marienkind. Märchen Nr. 3 aus der Grimmschen Sammlung, Olten–Freiburg (1984) [5]1992.
5 JEAN ZIEGLER: Les nouveaux Maîtres du Monde et ceux qui leur résistent, Paris 2002; dt.: Die neuen Herrscher der Welt und ihre globalen Widersacher, übers. v. Holger Fliessbach, München 2003, 13.
6 A. a. O., 14.
7 A. a. O., 14–15.
8 Zur Entstehung des Märchens von *Rumpelstilzchen* meint WALTER SCHERF: Lexikon der Zaubermärchen, Stuttgart (Kröner Tb. 472) 1982, 317: »Die vermutlich auf einer Zwergensage aufbauende Erzählung von dem Unterirdischen, der für seine Hilfe beim Goldspinnen das Kind der Königin beansprucht, jedoch überlistet wird, haben die Brüder Jacob und Wilhelm GRIMM in mehreren Fassungen gekannt. Für den ersten Band der Erstausgabe 1812 ihrer *Kinder- und Hausmärchen* verwandten sie nicht die in der Urschrift enthaltene Aufzeichnung *Rumpelstilzchen*, deren Herkunft unbekannt ist, sondern zogen die von der damals 17jährigen Henriette Dorothea WILD (1793–1867), der späteren Frau Wilhelm GRIMMS, am 10. März 1811 beigesteuerte Erzählung vor. *Rumpelstilzchen* wurde dann für die zweite Auflage von 1819 noch nach drei weiteren Erzählungen aus der Familie HASSENPFLUG und von Lisette WILD ergänzt.«
9 Zur Herkunft und Verarbeitung des Märchens vom *Gestiefelten Kater* vgl. die Erläuterungen im Text.
10 Die Geschichte von Haustieren, die, um nicht geschlachtet zu werden, durch die

Welt ziehen, »ist von den Brüdern Jacob und Wilhelm GRIMM 1819 zum ersten Mal in der zweiten Auflage der *Kinder- und Hausmärchen* als Nr. 27 veröffentlicht worden, zusammengefügt aus zwei paderbörnischen Fassungen. Während das Motiv der musizierenden Tiere aus dem mittelalterlichen Schwankmotiv entlehnt ist – der Laute spielende Esel ist sogar das bestimmende Motiv eigenen Märchentyps geworden (AT, sc. nach der Motivklassifikation von ANTTI AARNE und STITH THOMPSON, d.V., 430: *Das Eselein*) –, ist die Erzählung von der Besetzung eines leerstehenden Hauses und der Vertreibung der wiederkehrenden Besitzer, die sich in der Dunkelheit falsche Vorstellungen machen, älter. Ob das Märchen von den Tieren auf der Wanderschaft, die sich ihren eigenen Lebensort schaffen, das Bruchstück eines Zaubermärchens ist oder durch Umwandlung von Fabeln entstanden ist, läßt sich nicht klären. Antti Aarne hält einen engen Zusammenhang mit den in Asien beheimateten Erzählungen vom Rachezug der unbeseelten Gegenstände für gegeben (AT 210: *Der Herr Korbes*).« WALTER SCHERF: A. a. O., Nr. 8, 37–38.

11 FRIEDRICH PANZER (Hg.): Kinder- und Hausmärchen der Brüder Grimm. Vollständige Ausgabe in der Urfassung, 2 Bde., München 1913; Wiesbaden (Vollmer V.) o. J., 145–149.

12 JEAN ZIEGLER, s. o. Anm. 5, 16.

I Rumpelstilzchen

1 Vgl. E. DREWERMANN: Frau Holle. Märchen Nr. 24 aus der Grimmschen Sammlung, Solothurn–Düsseldorf (1982) [10]1994, 38–40 (Neudruck, Düsseldorf 2003).

2 FJODOR MICHAILOWITSCH DOSTOJEWSKI: Schuld und Sühne. Roman in 6 Teilen und einem Epilog (1866), 1. Teil, 2. Kap., übertr. v. Werner Bergengruen, München o. J., 21; 20.

3 HANS VOLKMANN: Phryne, in: Konrat Ziegler – Walther Sontheimer (Hg.): Der Kleine Pauly. Lexikon der Antike, Bd. 4, (München 1975) München (dtv) 1979, Sp. 826.

4 Vgl. E. DREWERMANN: Atem des Lebens. Die moderne Neurologie und die Frage nach Gott, Band 2: Die Seele, Düsseldorf 2007, 199–213: GREGORY BATESON und die Theorie vom double bind.

5 Es handelt sich um den klassischen Abwehrmechanismus der Verkehrung ins Gegenteil; vgl. ANNA FREUD: Das Ich und die Abwehrmechanismen (1936), 4. Kap., München (Kindler 2001) o. J., 33; 36. – Zu dem sozialgeschichtlichen Aspekt des *Spinnens* zählt eigentlich die Gemeinsamkeit der Mädchen in den bäuerlichen Spinnstuben, wie JOHANN WOLFGANG VON GOETHE: Wilhelm Meisters Lehrjahre (Wanderjahre) oder Die Entsagenden (1829), 3. Buch, 5. Kapitel: Leonardos Tagebuch, in: Werke, Hamburger Ausgabe in 14 Bden., textkri-

tisch durchges. u. komm. v. Erich Trunz, Bd. 8: Romane und Novellen III, München (dtv) 1981, 341–344, sie ebenso ausführlich beschreibt wie die Tätigkeit selbst und deren Verdienstmöglichkeiten. Um so bemerkenswerter ist die vollkommene Einsamkeit und soziale Isolation, in welcher die Müllerstochter im Märchen ihr Probespinnen ableisten muß.

6 Zum Abwehrmechanismus der *Projektion* vgl. ANNA FREUD: A. a. O., 35–36.

7 Vgl. HANS-JÜRGEN HUBE: Beowulf. Das angelsächsische Heldenepos über nordische Könige, übersetzt, kommentiert und mit Anmerkungen versehen, Wiesbaden 2005, 215: »Daß in den Behausungen von Riesen oder Dämonen Schätze verborgen sind, ist ein charakteristischer Zug der Volksmärchen.« S. 288: »Von Süden her kam der Volksglaube, daß Schätze von Drachen behütet seien. Die großen Schatzfunde aus der frühen Völkerwanderungszeit, dem 3.–5. Jahrhundert, werden nicht selten als Opfergaben gedeutet, seien von entsprechenden fürstlichen Priesterkönigen für *tabu* erklärt und mit feierlichen Verwünschungen belegt worden. Wer sich solch einen Schatz aneignen wollte, mußte ein furchtloser Held sein, eben ein *Drachentöter*.« Vgl. auch a. a. O., S. 330.

8 Insbesondere läßt sich denken an die psychoanalytischen Theorien vom Ödipuskomplex; vgl. SIGMUND FREUD: Der Untergang des Ödipuskomplexes (1912), in: Gesammelte Werke, Bd. 12, London 1947, 393–402.

9 FJODOR MICHAILOWITSCH DOSTOJEWSKI: Njetotschka Neswanowa (1849), übers. v. E. K. Rahsin, (München 1922) Frankfurt/M (Fischer Tb. 1259) 1971, 3. Kap., S. 62–63; 67.

10 THOMAS MANN: Bekenntnisse des Hochstaplers Felix Krull (1954), Frankfurt/M (Fischer Tb. 639) 1965, 2. Buch, 9. Kap., S. 138.

11 Das Motiv von der »Preisjungfrau« wird psychoanalytisch als Teil des Ödipuskomplexes gedeutet; vgl. OTTO RANK: Das Inzestmotiv in Dichtung und Sage. Grundzüge einer Psychologie des dichterischen Schaffens, Leipzig–Wien 1912, Kap 11: Die Beziehungen zwischen Vater und Tochter, 368–413.

12 CHARLES PERRAULT: Riquet à la Houppe – Riquet mit dem Schopfe, in: Contes de Fées – Die Märchen, zweisprachig, übers. v. Ulrich Friedrich Müller, München 1962, 94–111.

13 Vgl. bes. GONTHIER-LOUIS FINK: Les avatars de Rumpelstilzchen. La vie d'un conte populaire, in: Kracht: Deutsch-französisches Gespräch im Lichte der Märchen, 1964, 46–72; ANGELA SEIFERT: Befreit durch einen Wutausbruch. Rumpelstilzchen, Stuttgart 2001, 82–86: Rumpelstilzchen, S. 86: »Ich will eine richtige Frau mit richtigem Gefühl sein.« Vgl. auch J. BILZ: Das Erleben weiblicher Reifung im Märchen vom Rumpelstilzchen. Der ubiquitär erweisbare Elementargedanke des Märchens vom Rumpelstilzchen, in: Bühler–Bilz: Das Märchen und die Phantasie des Kindes, München 1958, 103–110; MAX LÜTHI: Rumpelstilzchen, in: Antaios 12/1971, 419–436 spricht zu Recht von der Selbstfindung der jungen Frau, die für ihr Kind den Kampf mit dem Dämon aufgenommen habe.

14 Vgl. LUTZ RÖHRICH: Rumpelstilzchen. Vom Methodenpluralismus in der Erzählforschung, in: Festschrift für Robert Wildhaber, Basel 1973, 567–596; DERS.: Sage und Märchen, Freiburg–Basel–Wien 1976, 272–291, 329–331.
15 Zur Übertragungsproblematik vgl. E. DREWERMANN: Von Übertragung und Wiederholungszwang oder: Liebe zwischen Glückseligkeit und Unglück, in: Wege und Umwege der Liebe. Christliche Moral und Psychotherapie, Düsseldorf 2005, 120–158.
16 Zur Königssymbolik vgl. E. DREWERMANN: Tiefenpsychologie und Exegese, 2. Bde., Düsseldorf–Zürich (1984) ^{6}2001, Bd. 1, 195–196.
17 Vgl. E. DREWERMANN: Das Mädchen ohne Hände. Märchen Nr. 31 aus der Grimmschen Sammlung, Zürich–Düsseldorf (1981) ^{13}1999 (Neudruck, Düsseldorf 2004).
18 FJODOR MICHAILOWITSCH DOSTOJEWSKI: Der Jüngling (1875), übers. v. E. K. Rahsin (München 1957), Frankfurt/M (Fischer EC 6), 1. Teil, 3. Kap., II, S. 52.
19 MAX WEBER: Asketischer Protestantismus und kapitalistischer Geist, in: Archiv für Sozialwissenschaft und Sozialpolitik, 21. Bd., 1905, 74–110 (Askese und protestantischer Geist); Nachdruck in: Max Weber: Soziologie. Weltgeschichtliche Analysen. Politik. Eingel. v. Eduard Baumgarten, hg. u. erl. v. Johannes Winckelmann, Stuttgart ^{4}(durchges. u. verb.) 1968, 357–381.
20 ERICH FROMM: The Heart of Man. Its Genius for Good and Evil, 1964; dt.: Die Seele des Menschen. Ihre Fähigkeit zum Guten und zum Bösen, übers. v. Liselotte und Ernst Mickel, in: Gesamtausgabe, Bd. 2: Analytische Charaktertheorie, hg. v. Rainer Funk, Stuttgart 1980, 159–268, S. 179–198: Die Liebe zum Toten und die Liebe zum Lebendigen.
21 KARL MARX: Das Kapital. Kritik der politischen Ökonomie, 1. Bd., Buch 1: Der Produktionsproceß des Kapitals (Hamburg 1864), nach der 4. v. Friedrich Engels durchges. u. hg. Aufl. Hamburg 1890, in: Werke von Marx und Engels, Bd. 23, hg. v. Institut für Marxismus-Leninismus beim ZK der SED, Berlin 1965, VII. Abschn.: Der Akkumulationsprozeß des Kapitals, 22. Kap.: Verwandlung von Mehrwert in Kapital, S. 618: »Nur soweit der Kapitalist personifiziertes Kapital ist, hat er einen historischen Wert.«
22 Bes. ERICH FROMM: To Have or to Be, 1976; dt.: Haben oder Sein. Die seelischen Grundlagen einer neuen Gesellschaft, übers. v. Brigitte Stein, in: Gesamtausgabe, 2. Bd.: Analytische Charakterkunde, hg. v. Rainer Funk, Stuttgart 1980, 269–414, 3. Teil, 7.: Religion, Charakter und Gesellschaft, S. 372–373: Die Religion des Industriezeitalters, hat das »mütterliche Prinzip« als »das der *bedingungslosen* Liebe« bezeichnet. »Im Gegensatz dazu ist die väterliche Liebe an *Bedingungen* geknüpft.« Gerade das *Fehlen* einer mütterlichen Liebe in diesem Sinne ist charakteristisch für das Erleben der Müllerstochter. Die Folge davon kann psychodynamisch in einer Überverantwortung und Überidentifikation mit den väterlichen Idealbildungen bestehen.
23 Es ist nicht nur die »Pubertätsaskese«, die ANNA FREUD: Das Ich und die

Abwehrmechanismen, s. o. Anm. 5, 119–123 als Folge der Triebangst des Jugendlichen beschrieben hat; es findet diese Haltung u. U. ihr Pendant in den gleichen Abwehrmechanismen der erwachsenen Kontaktpersonen.

24 Zu dem Gott Odin – Wodan vgl. JACOB GRIMM: Deutsche Mythologie, 1835, 1. Bd.: Kap. 7: Wuotan, Frankfurt/M–Berlin–Wien (Ullstein Tb. 35107) 1981, 109–137; R. L. M. DEROLEZ: De Godsdienst der Germanen, Roermond 1959; dt.: Götter und Mythen der Germanen, übers. v. Julie von Wattenwyl, Wiesbaden 1974, 86–112; zu *Freyr* vgl. a. a. O., 142–144; vgl. auch JACOB GRIMM: A. a. O., 1. Bd., Kap. 10, 173–181.

25 Zu den *Zwergen* vgl. JACOB GRIMM: Deutsche Mythologie, s. o. Anm. 24; 1. Bd., Kap. 17: Wichte und elbe, 363–428, bes. S. 376; zu dem Kinderraub durch Zwerge vgl. a. a. O., S. 388; zur Lust der Zwerge an Musik und Tanz vgl. a. a. O., S. 389.

26 Vgl. E. DREWERMANN: Schneewittchen. Märchen Nr. 53 aus der Grimmschen Sammlung, (1997) Zürich–Düsseldorf ²1998 (Neudruck, Düsseldorf 2003).

27 Vgl. E. DREWERMANN: Schneeweißchen und Rosenrot. Märchen Nr. 161 aus der Grimmschen Sammlung, Olten–Freiburg (1983) ⁸1992 (Neudruck, Düsseldorf 2004).

28 Vgl. MIRCEA ELIADE: Forgerons et Alchimistes, Paris 1956; dt.: Schmiede und Alchismisten, übers. v. Emma von Pelet, überarb. v. Rolf Homann, Stuttgart 1980, 111–113 zur Beziehung der »invaliden Gottheiten« zu den »Bergbewohnern«, den »unterirdischen Zwergen« sowie zu Odin – Wotan, dem »Meister der *Wut*«, der magischen Hitze des Feuers. – Zur Identifizierung von *Arsen*verbindungen in der Antike vgl. HELMUT WILSDORF: Kulturgeschichte des Bergbaus. Ein illustrierter Streifzug durch Zeiten und Kontinente, Essen 1987, 65.

29 Zu *Hephaistos* vgl. ERIKA SIMON: Die Götter der Griechen, München ³1985, 213–228, bes. S. 213; vgl. auch HOMER: Ilias, 18, 409–422.

30 MANFRED STANGE (Hg.): Die Edda. Götterlieder, Heldenlieder und Spruchweisheiten der Germanen, Wiesbaden 2004, 324–326: Lokis Wette mit den Zwergen, Skaldskaparmal, 61, c. 35.

31 CARL GUSTAV JUNG: Mysterium Coniunctionis, Untersuchungen über die Trennung und Zusammensetzung der seelischen Gegensätze in der Alchemie, unter Mitarbeit von Marie-Louise von Franz, 2 Bde., Gesammelte Werke XIV 1 u. 2, Olten–Freiburg 1971; 2. Halbband, IV. Kap.: Rex und Regina, 2: Gold und Geist, S. 5–9.

32 WILHELM HAUFF: Märchen-Almanach für Söhne und Töchter gebildeter Stände auf das Jahr 1828. Das Wirtshaus im Spessart, in: Märchen/Novellen, nach den Originaldrucken und Handschriften, Textredaktion von Sibylle von Steinsdorff, Zürich 1976, 215–239: Das kalte Herz. Erste Abteilung; S. 303–328: Zweite Abteilung.

33 Vgl. PAUL FEDERN: Grundsätzliches zur Psychotherapie bei latenter Schizophrenie, (1947), in: Ichpsychologie und die Psychosen, übers. v. Walter und Ernst

Federn, (Bern 1956) Frankfurt/M 1978, 152–168, S. 152; zur Ichpsychologie bei PAUL FEDERN vgl. E. DREWERMANN: Atem des Lebens. Die moderne Neurologie und die Frage nach Gott, 2 Bde., Düsseldorf 2006–2007, II 185–191.

34 Zur Psychosomatik von Autoimmunerkrankungen vgl. E. DREWERMANN: Atem des Lebens, s. o. Anm. 33, II 74–80.

35 Vgl. ROBERT KURZ: Schwarzbuch Kapitalismus. Ein Abgesang auf die Marktwirtschaft, Frankfurt/M 1999, 549–551: »Die borniertien hauswirtschaftlichen Verhältnisse durch die Zumutung der ›abstrakten Arbeit‹ zu ersetzen, das war (und ist bis heute) nichts als ein Wechsel des Übels, aber keine Emanzipation.« (S. 549).

36 Vgl. E. DREWERMANN: Atem des Lebens, s. o. Anm. 33, II 478–501: Wie ein Kind zu Selbstbewußtsein kommt und was die Neurologie dazu zu sagen hat.

37 Vgl. E. DREWERMANN: Marienkind. Märchen Nr. 3 aus der Grimmschen Sammlung, Olten–Freiburg (1984) ^{5}1992.

38 Vgl. PETER SINGER: Animal Liberation. Second Edition, London 1990; dt.: Animal Liberation. Die Befreiung der Tiere, übers. v. Claudia Schorcht, Reinbek bei Hamburg (rororo sachbuch 9910) 1996, 74.

39 Zum Begriff des *Schattens* vgl. C. G. JUNG: Die Beziehungen zwischen dem Ich und dem Unbewußten (1928), in: Gesammelte Werke, Bd. VII: Zwei Schriften über Analytische Psychologie, Olten–Freiburg 1964, 131–264, S. 148–149; 155. – Als einen ergänzenden, schutzengelähnlichen Begleiter im Leben einer Patientin schildert ANGELA SEIFERT: Befreit durch einen Wutausbruch. Rumpelstilzchen, Stuttgart 2001, 25–29, den »Geist«, der aus der Erde kommt.«

40 Zur Theorie vom »Penisneid« vgl. SIGMUND FREUD: Einige psychische Folgen des anatomischen Geschlechtsunterschieds (1925), in: Gesammelte Werke, Bd. 14, London 1948, 17–30, S. 24–28.

41 Zur Psychoanalyse der Depression vgl. E. DREWERMANN: Atem des Lebens, s. o. Anm. 33, II 121–152.

42 Vgl. KARL ABRAHAM: Über die determinierende Kraft des Namens (1911), in: Gesammelte Schriften in zwei Bänden, hg. u. eingel. v. Johannes Cremerius, Frankfurt/M (Fischer Wissenschaft 2980), 1982, II 22–23.

43 Zu dem Motiv der Namensfindung bzw. der Rätsellösung vgl. MAX LÜTHI: Es war einmal… Vom Wesen des Volksmärchens, Göttingen 1962, 90–102: Die Rätselprinzessin. List, Scherz und Klugheit. Zu den vielfältigen *Zwergnamen* vgl. JACOB GRIMM: Deutsche Mythologie, s. o. Anm. 24, I 375–376.

44 Vgl. hierzu ANGELA SEIFERT: Befreit durch einen Wutausbruch, s. o. Anm. 39, 82–86.

45 WALTER SCHERF: Lexikon der Zaubermärchen, Stuttgart (Kröner Tb. 472) 1982, 319–320 meint richtig: »Gewiß, es gibt eine ganze Reihe Fassungen, in denen der Gegenspieler der Teufel ist. Aber derartige, von einer gewissen Zeit beförderte Verengungen sind weder überall eingedrungen, noch können sie Ursprünglichkeit beanspruchen. Daß der Dämon, Kobold, Zwerg mit dem Teu-

fel nichts zu schaffen hat, wird gerade in der Grimmschen Fassung deutlich. In seinem maßlosen Zorn über sein völlig unerwartetes Unterliegen in der Rätselwette ruft er aus: ›Das hat dir der Teufel gesagt!‹« Doch daraus ergibt sich ein schweres psychologisches Problem: der Vorwurf an die Königin, selbst mit dem Teufel im Bunde zu sein.

46 ANGELA SEIFERT: Befreit durch einen Wutausbruch, s. o. Anm. 39, S. 32–34, schildert die Schwierigkeit einer Patientin mit dem »Geheimnis des Namens«: Sie war von den Eltern nur mit Spitznamen gerufen worden. Den »richtigen Namen benutzten sie nur, wenn ich was angestellt hatte, der klang dann sehr streng«. Mit 14 Jahren läßt sie sich taufen und erfährt »ein starkes Gefühl von Geborgenheit«. Jetzt aber geht es darum, »dieses hilfreiche kleine Wesen in ihrer Seele« aufzulösen, das sie selber als »Kind« (noch) ist (S. 29). Die Überwindung des »Rumpelstilzchen« (S. 82–86) erfolgt mit dem Satz: »Ich will eine richtige Frau mit richtigem Gefühl sein.« (S. 86) Frauen, schreibt ANGELA SEIFERT (a. a. O., 87), »wollen sich befreien aus der Herrschaft der Männer. Tun sie es wirklich, wenn sie sich in die Welt der Männer hineinbegeben, Berufe ergreifen, die bisher den Männern vorbehalten waren, nach Gleichberechtigung rufen und dann Frauenzeitschriften gründen und Frauenlokale eröffnen, ihren Töchtern und sich selbst Hosen anziehen, aber ihre Söhne nach alten Mustern und übernommenen Regeln erziehen? Diese Wege, die Frauen in den Frauenbewegungen gehen, muten ... manchmal an wie ein Labyrinth. Da ist der Weg zum Zentrum weit. Gibt es einen kürzeren, der zugleich effektiver ist? ... Voraussetzung für diesen Weg wäre ..., daß die Frauen Frieden schließen mit dem Mann, nicht nur mit dem vor ihnen, sondern vor allem auch mit dem inneren. Denn mehr noch als der äußere beherrscht der innere – Meinungen und Besserwisserei produzierende – Mann viele Frauen. Der Frieden mit ihm ist auch deshalb Voraussetzung für das echte Frausein, weil ... die Aufgabe der Frauen in der Welt das Sorgen für den Frieden ist, beziehungsweise sein sollte.«

II Der gestiefelte Kater

1 Das Wirtschaftssystem, von dem hier die Rede ist, war weitestgehend »ein Produkt der absolutistischen Staatenwelt. Denn der entstehende Apparat des modernen Territorialstaats war es vor allem, der die Expansion der Geldwirtschaft forcierte, um seine gewaltig zunehmenden bürokratischen und militärischen Bedürfnisse zu finanzieren. Viele berühmte Potentaten aus dem Pantheon der heraufdämmernden europäischen Moderne wie der nahezu analphabetische französische ›Sonnenkönig‹ Ludwig XIV. oder der Preußenherrscher Friedrich ›der Große‹ waren in Wirklichkeit räuberische Menschenverächter.« »Erstens wurden alle Hemmnisse für einen großräumigen Markt auf der Ebene der entstehenden modernen ›Nationen‹ beseitigt und damit die Bahn für den Fluß des

Geldes, den man durch Steuern und Gebühren aller Art abzuschöpfen gedachte, freigeschaufelt. Das betraf die Abschaffung aller lokalen und regionalen Sonderrechte, vor allem der handwerklichen Zünfte und ihrer Beschränkungen.« »Zweitens ... wurde die Entfesselung der inneren großnationalen Märkte begleitet und überlagert von der Entstehung des Weltmarktes ... Jeder absolutistische Staat versuchte, so viel wie möglich zu exportieren und so wenig wie möglich zu importieren, um durch eine ›positive Handelsbilanz‹ (damals ein völlig neuer Begriff der eben erst entstehenden theoretischen Nationalökonomie) den größten Geldreichtum auf das eigene Land zu ziehen und für Staatszwecke zu verpulvern. Das war die Doktrin des ›Merkantilismus‹, einer Ideologie des Außenhandels, eines ›Exportismus‹ – und damit das erste ›wirtschaftspolitische‹ Konzept der Geschichte, das damals auf die Bedürfnisse der frühmodernen Militärstaaten zugeschnitten war. – Es kam also zu einem Exportwettlauf. Mit allen Mitteln, natürlich auch denen der politischen und militärischen Pression, versuchten die absolutistischen Regimes, sich selber einerseits durch Zollschranken abzuschirmen, andererseits aber den eigenen Export auf Teufel komm raus zu forcieren.« (ROBERT KURZ: Schwarzbuch Kapitalismus. Ein Abgesang auf die Marktwirtschaft, Frankfurt/M 1999, 26; 27) Öffnung der Märkte, notfalls mit militärischer Gewalt, Protektionismus und Lohndumping bilden noch heute die grundlegenden Mechanismen des sogenannten »freien« Marktes.

2 LUDWIG TIECK: Der gestiefelte Kater. Kindermärchen in drei Akten. Mit Zwischenspielen, einem Prologe und Epiloge (1797), hg. v. Helmut Kreuzer, Stuttgart (reclam 8916) durchges. 2001, 2. Akt, S. 34; Epilog, S. 62.

3 Vgl. WALTER SCHERF: Lexikon der Zaubermärchen, Stuttgart (Kröner Tb. 472) 1982, 160–162: »Die 21jährige Johanna Isabella, genannt Jeanette HASSENPFLUG (1791–1860) hat im Herbst den Brüdern GRIMM das Märchen vom gestiefelten Kater erzählt. Jeanette HASSENPFLUG stammte aus einer stark französisch beeinflußten Familie. Bei Tisch wurde Französisch gesprochen, die Mutter kam aus einer in der Dauphiné beheimateten Hugenottenfamilie. Von den HASSENPFLUGS wurden den Brüdern Jacob und Wilhelm GRIMM auch die Märchen Rotkäppchen, vom Blaubart und von der Mäusebraut mitgeteilt – alles aus französischer Überlieferung ... Aber wir wissen nicht, ob die Märchen im Hause HASSENPFLUG erzählt oder aus Büchern entnommen wurden. Die im ersten Band der Erstausgabe der *Kinder- und Hausmärchen* von 1812 als Nr. 33 unter dem Titel *Der gestiefelte Kater* veröffentlichte und bereits in der zweiten Auflage von 1819 wieder gelöschte Fassung geht auf PERRAULT zurück ..., das ist nachgewiesen. Aber sie zeigt auch eindeutig Wilhelm GRIMMS Handschrift und ist so vortrefflich erzählt, daß sie bis auf den heutigen Tag in zahlreichen Auswahlsammlungen erscheint ... Aber KHM 33a, wie man heute die lediglich in der Erstauflage aufgenommene Fassung zitiert, geht nicht nur auf Vater und Sohn PERRAULT zurück; die liebenswürdige, fast kindliche Bearbeitung Wilhelm

GRIMMS folgt auch mehreren wesentlichen Anregungen aus Ludwig TIECKS unter dem Pseudonym Peter LEBERECHT bei NICOLAI in Berlin veröffentlichtem Märchenspiel... Überall wo TIECK von PERRAULT abweicht, folgt ihm Wilhelm GRIMM – z. B. wenn der Kater die Stiefel nicht braucht, um besser durchs Gestrüpp laufen zu können, sondern weil er sich damit vor den Leuten ein Ansehen verschaffen möchte.«

4 JOHANN WOLFGANG VON GOETHE: Reineke Fuchs. In zwölf Gesängen, 1794; Leipzig 1964.

5 ERNST THEODOR AMADEUS HOFFMANN: Lebensansichten des Katers Murr nebst fragmentarischer Biographie des Kapellmeisters Johannes Kreisler in zufälligen Makulaturblättern, 2 Bde., Berlin 1819–1821; in: Werke in 5 Bden., hg. v. Gisela Spiekerkotter, Bd. 3: Seltsame Leiden eines Theaterdirektors. Lebensansichten des Katers Murr, Zürich 1965, 99–438.

6 C. G. JUNG: Versuch einer psychologischen Deutung des Trinitätsdogmas (1942), in: Gesammelte Werke, Bd. 11: Zur Psychologie westlicher und östlicher Religion, Olten–Freiburg 1963, 119–218.

7 Das Motiv der *hilfreichen Tiere* ist in der Völkerkunde unter dem Stichwort *Nagualismus* bekannt, abgeleitet aus dem aztekischen Wort nauálli – etwas Verborgenes, Verhülltes, auch *Tonal*, von aztekisch tonalli – jemandes Schicksal, Seele, genannt. »Nagual ist ein Tier oder ein Naturobjekt, das mit dem Menschen eine mystische Schicksalsgemeinschaft eingegangen ist.« WALTER HIRSCHBERG: Wörterbuch der Völkerkunde, Stuttgart (Kröner Tb. 205) 1965, 308. Psychologisch ist das »Hilfstier« als *alter ego* zu verstehen. – Der kulturgeschichtliche Hintergrund für die Einstellung der frühen Jägerkulturen im Übergang zum Neolithikum vor 12 000 Jahren tritt archäologisch in Göbekli Tepe zu Tage; vgl. KLAUS SCHMIDT: Sie bauten die ersten Tempel. Das rätselhafte Heiligtum der Steinzeitjäger, München 2006, 191–198: Tier und Darstellung im Alten Orient. INA MAHLSTEDT: Das Leben im Tod, in: Abenteuer Archäologie, 1/2007, 26–32, S. 26 bemerkt dazu: »Aus etlichen alten Gesellschaften kennen wir die engen Totembeziehungen zwischen Menschen und ihren Brudertieren. Es handelt sich bei dieser Vorstellung um eine magisch-mythische Verbindung zwischen Mensch und Natur. – Weil das wichtigste Beutetier den Fortbestand des gesamten Klans sicherte, wurde es als Schöpferwesen verehrt... – Doch die Jäger sahen ... das Geheimnis der Schöpfermacht dieser Tiere darin, daß sie in der Lage waren, immer wiederzukehren, sich aufs neue den Menschen zur Nahrung anzubieten... – Für Jäger ist die diesseitige Welt mit einer jenseitigen Anderswelt verwoben... Dorthin gingen die Toten und verschmolzen zu einem mächtigen Ahnenwesen. Nur im Zustand veränderten Bewußtseins hatten lebende Menschen Zugang zu dieser Anderswelt.«

8 E. DREWERMANN: Der goldene Vogel. Märchen Nr. 57 aus der Grimmschen Sammlung, Solothurn–Düsseldorf (1982) [9]1993.

9 LUDWIG TIECK: Der gestiefelte Kater, s. o. Anm. 2, 1. Akt, S. 12.

10 »Bastet war eine Lokalgöttin des Delta, die sich bereits seit der 2. Dynastie nachweisen läßt. Ihr früher Fetisch war die Katze, die domestizierte Wildkatze, die man wegen ihrer Zeugungskraft, Stärke und Gewandheit bewunderte. Obwohl Bastet eine Lokalgöttin blieb, wurde sie bald mit Re in Zusammenhang gebracht (sie galt als seine Tochter und Frau) ... Man hielt sie für die Verteidigerin Res gegen die Schlange Apophis ... – Als Staatsgöttin der Spätzeit stellte Bastet die wohltätige Macht der die Beiden Länder beschützenden Sonne dar ... Sachmet (sc. die Löwengöttin, d.V.) hingegen war die zerstörende Kraft der Sonne, und im Volksglauben wurde sie klar von Bastet unterschieden ... Man stellte sie als Frau mit einem Katzenkopf dar ... Bastet zu Ehren galten die Katzen als heilig. In der Antike war der große Katzenfriedhof mit den mumifizierten Tieren weithin berühmt.« (VERONICA IONS: Egyptian Mythology, London 1968; dt.: Ägyptische Mythologie, übers. v. Julia Schlechta, Wiesbaden [Vollmer V.] o. J., 98–99)

11 C. G. JUNG: Symbole der Wandlung. Analyse des Vorspiels zu einer Schizophrenie (1952; Neubearbeitung von »Wandlungen und Symbole der Libido«, 1919), in: Gesammelte Werke, Bd. 5, Olten–Freiburg 1973, 361, sieht im Kampf des Katers gegen die Apophis-Schlange das Ringen »um die Befreiung von der Mutter«: »Die Umschlingung (sc. durch die Schlange, d.V.) ist ... die ›Verschlingung‹, das Eingehen in den Mutterleib. So ist die Zeit definiert durch das Unter- und Aufgehen der Sonne, das heißt durch das Absterben und die Wiedererneuerung der Libido, das Aufdämmern und Auslöschen des Bewußtseins.«

12 CHARLES PERRAULT: Le Maître Chat ou Le Chat Botté – Der Meisterkater oder Der gestiefelte Kater, in: Contes de Fées – die Märchen, zweisprachig, übers. v. Ulrich Friedrich Müller, München 1962, 54–67, S. 67.

13 Vgl. HELMUT THOMÄ: Anorexia nervosa. Geschichte, Klinik und Theorien der Pubertätsmagersucht, Bern–Stuttgart 1961, 183–196.

14 GEORG WILHELM FRIEDRICH HEGEL: Phänomenologie des Geistes, Bamberg und Würzburg 1807; hg. v. Johannes Hoffmeister, 1937; Hamburg (Philos. Bibl. 114) ^{6}1952, B. Selbstbewußtsein, IV. Die Wahrheit der Gewißheit seiner selbst, A. Selbständigkeit und Unselbständigkeit des Selbstbewußtseins; Herrschaft und Knechtschaft, 141–150.

15 NOAM CHOMSKY: Media Control, New York 2002; dt.: Media Control. Wie die Medien uns manipulieren, übers. v. Michael Haupt, (Leipzig 2003) München (SP 4653) 2006, 28–30, datiert die erste moderne »Propagandaoperation einer Regierung« in die Amtszeit von WOODROW WILSON (1856–1924), der zwar 1916 »mit dem Slogan ›Frieden ohne Sieg‹ zum Präsidenten der USA gewählt worden war«, sich aber »auf den Kriegseintritt festgelegt hatte« und dementsprechend die Bevölkerung manipulieren mußte, die keinen Grund sah, »sich in einen europäischen Krieg hineinziehen zu lassen ... Es wurde eine Propaganda-Agentur, die so genannte Creel-Kommission, auf die Beine gestellt, der es innerhalb von sechs Monaten gelang, die Bevölkerung in eine hysterische Begeisterung zu versetzen. Jetzt auf einmal wollte man alles Deutsche vernichten.« Besonders die

Unterstützung von »progressiven« Intellektuellen »aus dem Kreis um John Dewey« (1859–1952) erwies sich als sehr wirksam für die Technik der Meinungslenkung. Führende Persönlichkeiten der Medien wie WALTER LIPPMANN waren »an den Propagandakommissionen beteiligt gewesen«; LIPPMANN hielt die Herstellung von Konsens (das manufacturing consent) für unerläßlich in jeder »Demokratie«, da nach seiner Meinung »›das Interesse des Gemeinwesens sich der öffentlichen Meinung völlig entzieht‹ und nur von einer ›spezialisierten Klasse ... verantwortlicher Männer‹ ... begriffen und in Angriff genommen werden kann.« Nach diesen »Regeln« geht es bis heute weiter. Im Irak-Krieg von 1991 unter Bush sen. wurde die Firma Hill and Knowlton mit der Kriegspropaganda beauftragt. Wie der Nato-Krieg gegen Belgrad in den 90er Jahren medial als »humanitärer Friedenseinsatz« aufbereitet wurde, dazu vgl. JÖRG BECKER – MIRA BEHAM: Operation Balkan: Werbung für Krieg und Tod, Baden-Baden 2006. Die Nato-Doktrin von 1999 zählt zu den drei legitimen Kriegsgründen neben den vorgeblich humanitären Zielen auch offen Ressourcensicherung und Abwehr von Migrationsbewegungen.

16 ERNST THEODOR AMADEUS HOFFMANN: Lebensansichten des Katers Murr, s. o. Anm. 5, Bd. 3, Erster Band, Zweiter Abschnitt, 195; 1. Bd. 2. Abschn., S. 217 verweist auf das »Kindermärchen« vom gestiefelten Kater, »welches Herr Tieck freilich mit solcher Lebendigkeit uns vor Augen gebracht hat, daß man beinahe die Torheit begehen könnte, wirklich daran zu glauben«. – Die Geschichte sehe beinahe so aus wie eine Angelegenheit für »ernste Naturhistoriker und Psychologen«.

17 CHARLES PERRAULT: Der gestiefelte Kater, s. o. Anm. 12, S. 57.

18 A. a. O., 57.

19 Nicht zufällig sind daher die Fußballen (ebenso wie die Schnurrhaare) im somatosensorischen Cortex eines Katzengehirns überrepräsentiert; vgl. E. DREWERMANN: Atem des Lebens. Die moderne Neurologie und die Frage nach Gott, 2 Bde., Düsseldorf–Zürich 2006–2007, Bd. 1, 135. – Zu den übrigen Sinnesleistungen schreibt J. WEIGEL: Familie Katzen, in: Grzimeks Tierleben. Enzyklopädie des Tierreichs, Bd. 12: Säugetiere 3, (Zürich 1970) München (dtv) 1979, 8. Kapitel: Kleinkatzen und Nebelparder, S. 289: »Wie bei allen Raubtieren ist auch bei den Katzen der Geruchssinn gut ausgebildet; er tritt jedoch hinter den Gesichts- und Gehörsinn zurück... Die Lichtempfindlichkeit der Katze, besonders für kurzwelliges Licht, ist etwa sechsmal so hoch wie beim Menschen.«

20 CHARLES PERRAULT: Der gestiefelte Kater, s. o. Anm. 12, S. 63.

21 FJODOR MICHAILOWITSCH DOSTOJEWSKI: Winterliche Aufzeichnungen über sommerliche Eindrücke (1864), übers. v. Svetlana Geier und A. Eliasberg, Reinbek (rk 111–112) 1962, 7–67: VI. Versuch über den Bourgeois, S. 44: »Wann kann man alles tun, was man will? Wenn man eine Million hat. Gibt die Freiheit jedem eine Million? Nein? Was ist ein Mensch ohne eine Million? Ein Mensch ohne eine Million ist nicht jemand, der alles macht, was er will.«

22 JOSEPH ROTH: Die Flucht ohne Ende. Ein Bericht (1927), München (dtv 1408), Kap. XVIII, S. 76–79.
23 So schrieb KARL MARX: Das Kapital. Kritik der politischen Ökonomie, 1. Bd., Buch I: Der Produktionsprozeß des Kapitals (Hamburg 1867), nach der 4. von Friedrich Engels durchges. u. hg. Aufl. Hamburg 1890, in: Werke von Marx und Engels, Bd. 23, hg. v. Institut für Marxismus-Leninismus beim ZK der SED, Berlin 1965, 2. Abschn., 4. Kap.: Die Verwandlung von Geld in Kapital, 1. Die allgemeine Formel des Kapitals, S. 167: »Die einfache Warenzirkulation – der Verkauf für den Kauf – dient zum Mittel für einen außerhalb der Zirkulation liegenden Endzweck, die Aneignung von Gebrauchswerten, die Befriedigung von Bedürfnissen. Die Zirkulation des Geldes als Kapital ist dagegen Selbstzweck, denn die Verwertung des Werts existiert nur innerhalb dieser stets erneuerten Bewegung. Die Bewegung des Kapitals ist daher maßlos.« Und S. 168: »Der Gebrauchswert ist also nie als unmittelbarer Zweck des Kapitalisten zu behandeln. Auch nicht der einzelne Gewinn, sondern nur die rastlose Bewegung des Gewinnens. Dieser absolute Bereicherungstrieb, diese leidenschaftliche Jagd auf den Wert ist dem Kapitalisten mit dem Schatzbildner gemein, aber während der Schatzbildner nur der verrückte Kapitalist, ist der Kapitalist der rationale Schatzbildner. Die rastlose Vermehrung des Werts, die der Schatzbildner anstrebt, indem er das Geld vor der Zirkulation (sc. Geld – Ware – Geld, d.V.) zu retten sucht, erreicht der klügere Kapitalist, indem er es stets von neuem der Zirkulation preisgibt.«
24 CERSTIN GAMMELIN – GÖTZ HAMANN: Die Strippenzieher. Manager, Minister, Medien – wie Deutschland regiert wird, Berlin 2005, 148–154: Schmidt, Kohl, Schröder und die Medien, S. 151: »Um es kurz zu sagen: Kohl regiere seine Partei und durch seine Partei; Gerhard Schröder hingegen setzte seine Kanzlerkandidatur erst gegen die SPD mit Hilfe der Medien durch. Ihm half ein fester Kreis von ihm wohlgesinnten Journalisten von *Spiegel*, *Stern* und *Woche*... – Das bedeutet aber auch, daß ein Bundeskanzler über die Medien zum Handeln gedrängt werden kann..., weil er in Zeitungen und TV-Sendern als politischer Versager vorgeführt wird.... Im Winter 2002 wüteten deutsche Manager vehement, aber ungeordnet gegen die rotgrüne Regierung, und praktisch alle führenden Medien gaben diesen Angriffen breiten Raum.« Das Ergebnis war SCHRÖDERS Rede im März 2003 im Bundestag, in der er seine »Agenda 2010« vorstellte.
25 ARTHUR SCHOPENHAUER: Preisschrift über die Grundlage der Moral, *nicht gekrönt* von der Königlich Dänischen Societät der Wissenschaften, zu Kopenhagen, am 30. J. an. 1840, in: Sämtliche Werke, 7 Bde., nach der 1. von J. Frauenstädt besorgten Gesamtausgabe, bearb. u. hg. v. Arthur Hübscher, Bd. 4: Schriften zur Naturphilosophie und Ethik, Wiesbaden ³1972, 103–275, S. 222–226.
26 John (Fire) Lame Deer/Tahca Ushte: Lame Deer Seeker of Visions, New York 1972; dt.: Tahca Ushte Medizinmann der Sioux, übers. v. Claus Biegert, München 1979, 37–38.

27 A. a. O., 38.
28 PIERRE-AUGUSTIN CARON DE BEAUMARCHAIS: Le Barbier de Séville ou la précaution inutile, Paris 1775; dt.: Der Barbier von Sevilla, übers. v. A. v. Chatte, München 1921.
29 LUDWIG TIECK: Der gestiefelte Kater, s. o. Anm. 2, S. 33.
30 Zu Gen 2,25 vgl. E. DREWERMANN: Strukturen des Bösen. Die jahwistische Urgeschichte in exegetischer, psychoanalytischer und philosophischer Sicht, 3 Bde., Paderborn 1977–1978, 1. Bd.: Die jahwistische Urgeschichte in exegetischer Sicht. Nachw. zur 3. Aufl.: Vom Geschenk des Lebens oder: das Welt- und Menschenbild der Paradieserzählung des Jahwisten (Gn 2,4 b–25), S. 384–387: Das Fehlen der Scham in den Augen der Liebenden und das Wunder des Austauschs (Gn 2,25).
31 RUTH BEEBE HILL: Hanta Yo, New York 1979; dt.: Hanta Yo. Eine Indianer-Saga, übers. nach der amerik. Übers. aus der Dakotasprache von Kurt Heinrich Hansen, Hamburg 1980, 598–601.
32 ERICH KUBY, in: Studentenzeitung Nobis, Nr. 132, Mainz 1966, zit. n. Kritischer Kalender 1967. 27 Lithographien von A. Paul Weber, 9. Jg., Schretstaken über Hamburg/Bergedorf, Juni–Juli.
33 GÜNTHER ANDERS: Der sanfte Terror, in: Merkur 193, 1964, zit. n. Kritischer Kalender 1965. 27 Lithographien von A. Paul Weber, 7. Jg., Schretstaken über Hamburg/Bergedorf, Oktober–November.
34 GEORGE ORWELL: Nineteen Eighty-Four, London 1949; dt.: 1984, übers. v. K. Wagenseil, (Stuttgart 1950) Köln 1964, 28. Vgl. ROBERT KURZ: Schwarzbuch des Kapitalismus, s. o. Anm. 1, S. 535: »*Krieg bedeutet Frieden* – niemand weiß das besser als die NATO alias ›demokratische Staatengemeinschaft‹ in ihrer Eigenschaft als selbsternannte Weltpolizei; und *Unwissenheit ist Stärke* – wer könnte diese Maxime besseren Gewissens unterschreiben als der demokratische Massenkonsum, der umsichtige Produzent destruktiver Weltzerstörungswaren und der betriebswirtschaftlich borniert Manager, deren Lebens- und Erfolgsfähigkeit systematische soziale Ignoranz voraussetzt?« »Wenn es im Namen des ›Großen Bruders‹ heißt: *Freiheit ist Sklaverei*, dann braucht man diesen Kernsatz nur umzudrehen, um die erzliberale Maxime zu bekommen: *Sklaverei ist Freiheit*, nämlich die bedingungslose und freudige Unterwerfung unter die ›Naturgesetze‹ der marktwirtschaftlichen Gesellschaftsphysik.«
35 MIGUEL DE CERVANTES SAAVEDRA: Der sinnreiche Junker Don Quijote von der Mancha, mit 24 Illustrationen von Grandville (1848), in der Übertr. v. Ludwig Braunfels, durchges. v. Adolf Spemann, Nachw. v. Fritz Martini, München (dtv 2060) 1979, 2. Buch, 14. Kap., S. 640–652.
36 BERTOLT BRECHT: Die Gedichte, in einem Band, hg. v. Suhrkamp Verlag, in Zusammenarbeit mit Elisabeth Hauptmann, Frankfurt/M 1981, 777.
37 A. a. O., 774.
38 JOHANN WOLFGANG VON GOETHE: Reineke Fuchs, s. o. Anm. 4.

III Die Bremer Stadtmusikanten

1 Vgl. WALTER SCHERF: Lexikon der Zaubermärchen, Stuttgart (Kröner Tb. 472) 1982, 38: »Ob das Märchen von den Tieren auf der Wanderschaft, die sich ihren eigenen Lebensort schaffen, das Bruchstück eines Zaubermärchens ist oder durch Umwandlung von Fabeln entstanden ist, läßt sich nicht klären. AARNE hält einen engen Zusammenhang mit den in Asien beheimateten Erzählungen vom Rachezug der unbeseelten Gegenstände für gegeben.«

2 JOHANNES BOLTE – GEORG POLÍVKA: Anmerkungen zu den Kinder- und Hausmärchen der Brüder Grimm, 1. Bd. (Nr. 1–60), Leipzig 1913, 237–259, führen als frühe Fassung des Märchens ein Meisterlied von HANS SACHS (1494–1576) aus dem Jahre 1551 an, »wie Katze, Ochse, Pferd und Hahn auf der Wanderschaft in einem leeren Waldhause übernachten, dessen Eigentümer zwölf Wölfe sind.« (238)

3 A. a. O., 273; vgl. WALTER SCHERF: Lexikon der Zaubermärchen, s. o. Anm. 1, S. 37.

4 *Die Erzählungen aus den tausendundein Nächten*. Vollständige Ausgabe in 12 Bden., zum ersten Mal nach dem arabischen Urtext der Calcuttaer Ausgabe aus dem Jahre 1839 übertr. v. Enno Littmann, (Wiesbaden 1953) Frankfurt/M (it 224) 1976, Bd. 3, 225–239: Die Geschichte von den Tieren und dem Menschen, S. 226.

5 A. a. O., S. 228–229.

6 A. a. O., S. 229.

7 Vgl. EUGEN DREWERMANN: Atem des Lebens. Die moderne Neurologie und die Frage nach Gott, 2 Bde., Düsseldorf–Zürich 2006–2007, Bd. 2, 898–911: Von Tieren und Menschen oder: Das Postulat einer neuen Ethik.

8 Vgl. NOAM CHOMSKY: Year 501. The Conquest Continues, Boston (Ma.) 1993; dt.: Wirtschaft und Gewalt. Vom Kolonialismus zur neuen Weltordnung, übers. v. Michael Haupt, Lüneburg ^{2}2001, 51–61: »Bäume und Indianer fällen«; zur USA-Politik gegenüber Israel vgl. S. 77: »die Palästinenser ... besitzen keine nationalstaatlichen Rechte, weil die USA es so verfügt haben. Sie müssen deshalb die ›Autonomie eines Kriegsgefangenenlagers‹ akzeptieren, wie es der israelische Journalist Danny Rubinstein beschrieb, eine ›Autonomie‹, die ihnen die Freiheit gibt, ihren Abfall in von Israel nicht besetzten Gebieten zu sammeln – jedenfalls so lange die Mülleimer nicht die Farben der palästinensischen Flagge zeigen, wie ein führender israelischer Bürgerrechtler hinzufügt.« Zur Ausbeutung von Menschen unter den vielfältigsten Vorwänden und Gründen vgl. SUSANNE EVERETT: History of Slavery, London 1978; dt.: Geschichte der Sklaverei, übers. v. Jürgen und Rainer Heinzerling, Augsburg 1998, Kap. II: Schwarzes Elfenbein, 28–61; Kap. III: Die Sklaven des Zuckerkönigreichs, 62–93; Kap. IV: Fluch der Baumwolle, 94–131. In der Antike waren Kriege aus wirtschaftlichen Gründen notwendig zum Beutefang von Sklaven zur Aufrechterhaltung der

Stadt»kultur«. »Alte, Kranke oder Verwundete wurden noch auf dem Schlachtfeld niedergemacht; wer am Leben blieb, wurde in die Sklaverei verkauft«, schreibt THEODOR KISSEL (Beute Mensch, in: Abenteuer Archäologie, 1/2007, 38–41, S. 49) und fährt fort: »Im 2. Jahrhundert v. Chr., als Rom verstärkt auch Kriege im Osten führte, wurde der Markt regelrecht überschwemmt. Pro Tag veräußerten die Händler damals zehntausend Sklaven auf der Insel Delos, dem zentralen Umschlagplatz für diese Ware im Mittelmeerraum. Die Konvertierung lebender Beute in leicht transportables Geld bot eine willkommene Gelegenheit, die Kriegskasse aufzubessern. Sklavenhändler folgten deshalb für gewöhnlich den Legionen auf dem Fuß. Caesar belieferte im Gallischen Krieg mehrfach Menschenhändler, allein nach der Schlacht von Atuatuca (54 v. Chr.) im Eburonenland soll er 53 000 Kelten verkauft haben.« (A. a. O., 40–41) Ausbeutung von Menschen zum Zwecke von Geldgewinn und zum Einkauf von Macht, die wiederum der Ausbeutung immer größerer Menschenmassen dient, – darin besteht bis heute das »Erfolgsrezept« des kapitalistischen Wirtschaftssystems, das in den Praktiken von Sklaverei, Kolonialismus und Imperialismus wurzelt.

9 ANNE DIEKMANN (Hg.): Das große Liederbuch. 204 deutsche Volks- und Kinderlieder, gesammelt von Anne Diekmann, unter Mitwirkung von Willi Gohl, mit 156 bunten Bildern von Tomi Ungerer, Zürich 1975, 62. – Speziell die »Katzenmusik« erklingt vor allem beim Liebeswerben auf Hausdächern und in Gärten als den bevorzugten Liebestreffpunkten. »Hier stoßen die weiblichen Katzen ihre Schreie aus, um die Kater zu rufen, und hier stimmen die Kater ihr rauhes, heulendes Konzert an. Diese ›Katzenmusik‹ erinnert uns noch an die Liebesnächte der Wildkatzen in den Wäldern.« (H. WENDT: Verhalten der Hauskatze, in: Grzimeks Tierleben. Enzyklopädie des Tierreichs, Bd. 12: Säugetiere 3, [Zürich 1970] München [dtv] 1979, 8. Kap.: Kleinkatzen und Nebelparder, S. 302). Den »Gesang« des Hundes wird man sich als ein langgezogenes »Geheul« vorstellen müssen, wie es schon im Wolfsrudel erschallt.

10 Vgl. WALTER SCHERF: Lexikon der Zaubermärchen, s. o. Anm. 1, S. 37.

11 LUCIUS APULEIUS: (von Madaura, ca. 125–180): Der goldene Esel, ins Deutsche übertr. v. August Rode, München (GGTb 476) 1961.

12 Zum Motiv des »Tierbräutigams« vgl. Märchen wie *Der Froschkönig* (KHM 1), *Das singende springende Löweneckerchen* (KHM 88), *Der arme Müllerbursch und das Kätzchen* (KHM 106), *Hans mein Igel* (KHM 108), *Das Eselein* (KHM 144).

13 Vgl. FRANK SCHIRRMACHER: Das Methusalem-Komplott, München 2004.

14 Zit. n. NOAM CHOMSKY: Profit Over People. Neoliberalism and Global Order, New York 1999; Rogue States. The Rule of Force in World Affairs, Cambridge (Mass.) 2000; dt.: Profit Over People. War against People. Neoliberalismus und globale Weltordnung. Menschenrechte und Schurkenstaaten, übers. v. Michael Haupt, München (SP 4652) 2006, 51; WILHELM VON HUMBOLDT: Ideen zu einem Versuch, die Grenzen der Wirksamkeit des Staates zu bestimmen, in: Werke, Bd. 1, Stuttgart 1960, 56 ff.

15 Eine solche Moralphilosophie, die ausgeht von der Wesensarmut der menschlichen Existenz angesichts des Todes, formulierte ALBERT CAMUS: L'Homme revolté, Paris; dt.: Der Mensch in der Revolte. Essays, übers. v. Justus Streller, neubearb. v. Georges Schlocker, Reinbek 1953, 26: »Die Solidarität der Menschen gründet in der Bewegung der Revolte, und sie findet ihrerseits die Rechtfertigung nur in dieser Komplicenschaft. Wir sind also zu sagen berechtigt, daß jede Revolte, die diese Solidarität leugnet oder zerstört, sofort den Namen Revolte verliert und in Wirklichkeit zusammenfällt mit einer Zustimmung zum Mord.«

16 HERMANN RAUHE – RUDI WERION (Hg.): Lieder aus Deutschland, unter Mitw. v. Hans R. Beierlein, illustr. v. Iskender Gider, Niedernhausen 1990, 189: Im Wald, da sind die Räuber.

17 PIERRE-JOSEPH PROUDHON: Qu'est-ce-que la propriété ou Recherches sur le principe du droit et du gouvernement, Paris 1840; dt.: Was ist das Eigentum?, hg. u. eingel. v. Th. Ramm, Stuttgart 1963. – Wie weit entfernt von den »natürlichen« Gegebenheiten die moralischen »Selbstverständlichkeiten« unserer Kultur in ihren Ansichten über Besitz und Eigentum tatsächlich sind, ergibt sich am einfachsten und klarsten durch einen Vergleich mit dem Denken der »Natur«völker, wie es zum Beispiel in der großen Rede von CHIEF JOSEPH (ca. 1840–1904), dem Führer und Sprecher der Nez Percés Indianer, zum Ausdruck kam, die dieser am 14. Jan. 1879 vor dem Kongreß in Washington hielt; darinnen referierte er die Antwort, die sein Vater bereits Gouverneur Stevens erteilt hatte, als dieser ihn aufforderte, sein Land für die Weißen freizumachen: »Er betonte, daß kein Mensch irgendeinen Teil der Erde besitze, und ein Mensch könne nicht das verkaufen, was er nicht besitze.« (ROLF KAISER: Die Erde ist uns heilig. Die Reden des Chief Seattle und anderer indianischer Häuptlinge, Freiburg [Herder Spektrum 4079] 1992, 193). Nachdem CHIEF JOSEPH die Drohungen von General Howard zur Umsiedlung der Indianer in die Reservation geschildert hatte sowie den Protest, den einer der Häuptlinge dagegen geltend gemacht hatte, fuhr er fort: »Wenn der Weiße Mann mit den Indianern in Frieden leben will, so kann er in Frieden leben. Es braucht keine Scherereien zu geben. Behandelt alle Menschen gleich. Gebt ihnen die gleichen Rechte. Gebt ihnen allen eine Chance zu leben und zu wachsen. Alle Menschen wurden von demselben großen Geist erschaffen. Wir sind alle Brüder. Die Erde ist die Mutter aller Menschen, und alle Menschen sollten auf ihr gleiche Rechte haben. Ihr könntet ebensogut erwarten, daß die Flüsse bergauf fließen, wie daß irgendein Mensch, der frei geboren wurde, damit zufrieden sein sollte, wenn er eingesperrt wird und wenn ihm die Freiheit versagt wird zu gehen, wohin er möchte.« (A. a. O., 108–109)

18 KARL MARX: Manifest der Kommunistischen Partei. Teil I und II (1848), in: Karl Marx, Ausw. u. Einl. v. Franz Borkenau, Frankfurt/M (Fischer Tb. 112) 1956, 98.

19 A. a. O., 111.

20 RAINER MARIA RILKE: Das Stunden-Buch. 2. Buch: Das Buch von der Pilgerschaft (1901), in: Sämtliche Werke, hg. vom Rilke Archiv in Verbindung mit Ruth Sieber-Rilke besorgt durch Ernst Zinn, 1. Bd.: Gedichte. Erster Teil, Frankfurt/M 1955, 338.
21 Duden. Bd. 11: Redewendungen und sprichwörtliche Redensarten. Wörterbuch der deutschen Idiomatik. Bearb. Günther Drosdowski und Werner Scholze-Stubenrecht, Mannheim–Leipzig–Wien–Zürich 1998, 120–121.
22 RAINER MARIA RILKE: Das Stunden-Buch. 3. Buch: Das Buch von der Armut und vom Tode (1903), in: Sämtliche Werke, s. o. Anm. 20, 362–363. – Zu dem Gedanken eines allumgreifenden Mitleids mit den »armen Tieren«, wörtlich wie symbolisch, gehört die Auseinandersetzung auch mit der Frage, wie wir zu den geschundenen Kreaturen stehen, und das Bild des »Esels« als des Führers der »Stadtmusikanten« ist dabei besonders eindrücklich. In seinem Versepos *Clarel* spricht HERMAN MELVILLE (1819–1891) einmal von »jener Kreatur, die Menschen verleumden, / Weil sie geduldig ihre Übergriffe erträgt; / Für die als Lohn kein Himmel / Angewiesen ist«. (*Clarel. Gedicht und Pilgerreise im Heiligen Land*, übers., komm. und mit einem Nachwort vers. v. Rainer G. Schmidt, Salzburg–Wien 2006, 168.) Es war einzig FRANCIS JAMMES (1868–1938), der darum betete, gemeinsam mit den blutig geschlagenen Eseln ins Himmelreich einziehen zu dürfen. (*Gebete der Demut*, übers. v. E. Stadler, Freiburg [Hyperion] o. J., 9–12).